은행의 배신

일러두기
책을 집필하는 기간 동안 금, 비트코인, 주가 등이 크게 올랐고, 이 책에선 집필 시점 가격을 반영했습니다. 현재 시점과 차이가 있으니 투자하실 때 이 점 참고해 주시기 바랍니다.

은행의 배신

은행이
절대 알려 주지 않는
불편한 진실

심영철 지음

추천의 글

《은행의 배신》은 우리가 막연하게 믿어 왔던 은행 시스템에 대한 불편한 진실을 드러낸다. 저자는 은행이 어떻게 고객의 신뢰와 더불어 무지마저도 자신들의 자산으로 삼아 왔는지 고발한다. 은행들은 금융을 혁신할 수밖에 없는 신기술인 줄 진즉부터 알면서도 비트코인의 부상을 자신들의 고객인 대중이 제대로 파악할 수 없도록 호도해 왔다.

블랙록의 래리 핑크 회장은 블록체인 때문에 우리가 상상할 수 있는 모든 자산이 토큰화될 것이라고 확언한다. 그는 비트코인이 지정학적 위험으로부터 재산을 지켜 주는 '인터내셔널 에셋'이라고 명명하기도 했다. 그러나 그는 불과 몇 년 전까지만 해도 비트코인은 한낱 탈세와 범죄의 지표일 뿐이라고 폄훼했었다. 세계 최대 금융기업 수장의 변화는 너무 아찔해서 멀미가 날 정도다. 그러나 이는 하나의 예고편에 불과하다. 머지않아 은행과 은행가들, 그리고 금융 엘리트들은 자신들이 해 왔던 주장을 180도 뒤집어서 금융 자산의 디지털 전환을 당장 서둘러야 한다고 떠들기 시작할 것이다.

이 책의 저자는 은행보다 한발 앞서 독자들 스스로 은행에서 벗어나 디지털 자산의 세계로 눈을 돌려야 한다고 역설한다. 임박한 금융 생태계 변화는 지정학적 질서와 함께 우리의 삶을 송두리째 변화시킬 것이다. 변화가 아찔한 만큼 큰 위험과 함께 인생을 바꿀 수 있는 기회가 있기 마련이다. 은행이 변하기 전에 당신이 먼저 움직여야 하는 이유다. 당신이 '금융 문맹'에서 벗어나 변화하는 세계를 있는 그대로 보려 한다면 이 책은 당신의 항해를 돕는 훌륭한 나침반이 되어 줄 것이다.

오태민 | 한양대학교 비트코인화폐철학과 겸임교수, 비트모빅 파운더, 《더 그레이트 비트코인》, 《트럼프 시대의 지정학과 비트코인》 저자

머리말

인플레이션의 시대, 은행은 당신 편이 아니다

대박 드라마가 나왔다. 〈폭싹 속았수다〉다. 이 드라마를 보고서 눈물을 흘리지 않은 시청자가 있을까 싶다. 나는 극 중의 관식이에게 감정 이입이 되면서도 문득 이런 생각이 들었다. '폭싹 녹았수다.'

주식 투자자들 사이에 이런 말들을 하곤 한다. 계좌가 녹았다고. 계좌가 얼음도 아닌데, 왜 녹냐고? 매수한 종목의 주가가 하염없이 내려서 마이너스가 깊어질 때, 쪼그라든 계좌 잔고를 보면 녹는다는 말이 실감날 것이다.

고위험인 선물옵션 투자에서는 순식간에 계좌가 녹기도 하고, 심지어는 추가로 돈을 넣어야 한다. 중위험인 주식투자에서는 정도의 차이는 있지만 비슷한 현상이 벌어진다. 그런데 은행에 예적금을 넣어 둔 사람들은 자기의 계좌가 조금씩 녹아서 사라져 버리는 걸 모른다.

한때 은행에 돈을 맡기면 안전했고, 작지만 꾸준한 이자가 쌓였다. 그렇게 '예적금'이라는 단어에 안도하며, 은행을 신뢰해 왔다. 그러나 지금 우리는 눈 뜨면 가난해지는 인플레이션의 시대를 살고 있다.

인플레이션이 최근의 일만은 아니다. 세계 최강의 화폐인 달러도 엄청난 발행량으로 인해 가치가 급락해 왔다. 통계에 따르면 지난 100년 동안 달러 가치는 100분의 1로 급추락했다. 즉, 100년 전 1달러로 살 수 있는 물건을 지금은 100달러를 줘야 구매 가능하다는 의미다. 이러한데 원화 가치는 말해서 무엇하겠는가?

물가는 오르는데 내 통장 속 이자는 제자리다. 통장에 넣어 둔 돈이 조용히, 그러나 확실하게 가치를 잃어 가고 있다. 지금처럼 고물가·저금리의 시대에는, 예적금만으로는 절대로 살아남을 수 없다. 은행은 인플레이션으로부터 고객을 지키는 것이 아니라 그 상황을 기회 삼아 더 많은 수수료를 챙기고, 고금리 대출로 수익을 극대화한다. 은행이 수익을 올릴수록, 당신의 돈은 말라 가고 있다.

2004년《부자가 되려면 은행을 떠나라》라는 책으로 나는 베스트셀러 작가가 되었고, 2010년 마지막 책인《통장의 고백》을 출간한 이후 더 이상 알려 줄 게 없다고 생각했다. 그런데 시간이 지나도 은행은 전혀 바뀌지 않았다. 오히려 은행의 행태는 해도 해도 너무하다는 생각이 들었다. 은행의 횡포와 그들의 거짓말을 체계적으로 정리하여 다시 한번 알려야 한다는 강한 사명감마저 생겼다.

이 책은 바로 이 지점에서 출발한다. 은행이 감추고 있는 불편한 진실을 낱낱이 드러내고, 더 이상 은행에 기대지 않고 인플레이션 시대에 돈의 가치를 지키는 법을 제시하고자 한다.

"배당주에 투자해라, 좋은 펀드를 골라 가입해라, 그리고 ETF로 갈아타라"와 같은 전통적인 지침은 어쩔 수 없이 포함했다. 이것들 외에 잘 언급하지 않는 금 투자, 비트코인 투자, 그리고 브라질 국채 투자 등도 소개했다. 세상은 넓고, 투자할 곳은 많은 법이다. 이 책에 싣지 못한 재테크 방법이나 수단도 많겠지만, 일정한 선을 넘지 않는 범위 내에서 내 생각과 의견을 풀어 놓았다.

이 책을 쓰는 동안 많은 변화가 일어났다. 금값이 급등했고, 비트코인도 큰 반등을 했다. 눈여겨 봤던 주식도 크게 올라 버렸다. 아쉽다. 책을 쓰고 만드는 과정이 몇 달 걸리다 보니, 시의성을 놓친 느낌도 없지 않다. 그래도 당분간은 유효한 투자 전략이라는 생각은 변함없다.

책에서 언급한 내용들을 바탕으로 공부하기를 강력히 추천한다. 세상에 입안으로 밥을 떠먹여 주는 일은 없지 않은가? 내 투자 스승의 말씀을 옮겨 본다.

"투자에 있어서 남을 따라 한다는 것은 거의 불가능하다. 따라서 투자자는 스스로 자기 생각 기계를 향상하고, 자신만의 방법을 찾아야 한다."

이 책을 출간할 수 있게 큰 도움을 준 김한진 박사님과 글을 다듬어 준 이미현 님에게 고마움을 전한다.

이제 당신의 돈을 당신이 지키기 위해서 은행을 떠나야 할 시간이다. 아무쪼록 이 책에서 소개한 투자법이 조금 더 윤택한 생활을 하는 데 도움이 되기를 진심으로 바란다.

차례

추천의 글　　　　　　　　　　　　　　　　　　　　　004
머리말 _ 인플레이션의 시대, 은행은 당신 편이 아니다　　006

PART 1　　은행을 더 이상 믿지 마라

1장　은행은 전혀 바뀌지 않았다

01　어쩌다 은행은 '공공의 적'이 되었나　　　　　　　023
02　우물 안 개구리, 한국의 은행들　　　　　　　　　030
03　대출 금리가 오르는데 예금 금리는 떨어진다고?　　035
04　서민을 무시하는 은행의 디마케팅　　　　　　　　039
05　교통비 들여 영업점을 찾으면 이자 덜 받는다?　　044
06　벼룩 간 빼먹는 수수료 천국　　　　　　　　　　049

2장　은행이 재테크 최대의 적인 이유

07　보험, 펀드까지 끼워 파는 은행의 횡포　　　　　　059
08　4% 예금, 실제로는 이익이 마이너스?　　　　　　064
09　72법칙, 당신의 선택은?　　　　　　　　　　　072
10　ELS의 진실 : 서민들의 쌈짓돈으로 부자들의 손실을 메꿔 준 상품　076

3장　은행의 교묘한 속임수

11　이래도 계속 고양이에게 생선 가게를 맡길 것인가　　085
12　이자로 돈 잔치하는 은행　　　　　　　　　　　089
13　금리 인상과 수수료 수익에 눈이 먼 은행　　　　　094
14　집값 과열에 불쏘시개 역할을 한 은행　　　　　　100

PART 2 — 은행을 떠나서 똑똑하게 투자하는 법

1장 안전성보다는 수익성을 택하라

01 이제는 예적금 비중을 줄여야 할 때   115
02 예적금 비중을 낮추고 새로운 자산으로 옮겨 가라   122
03 당신의 순자산은 얼마인가   127

2장 은행에 맞서는 투자 전략

04 분산투자의 수단, 비트코인   137
05 시세 차익보다 배당금, 배당주 투자   152
06 비과세에 연이자 10%, 브라질 국채   161
07 좋은 펀드는 늘 있다   168
08 다양한 공모주 비상장 투자법   174

3장 은행을 떠나 제2금융으로 갈아타라

09 소액으로 다양한 상품에 투자 가능한 ETF를 사라   189
10 전환사채로 틈새시장을 노려라   197
11 금은 언제나 옳다   206
12 부동산 대신 리츠 상품에 투자하자   216

우리는 오랫동안 '예적금'이라는 단어에 안도하며 은행은 내 편이라고 생각해 왔다. 그러나 지금 우리는 눈 뜨면 가난해지는, 인플레이션 시대를 살고 있다. 물가는 오르는데 내 통장 속 이자는 제자리다. 통장에 넣어 둔 돈이 가치를 잃어 가고 있다. 은행은 오히려 이런 상황을 기회 삼아 더 많은 수수료를 챙기고, 초저금리 예금, 고금리 대출, 디지털 소외까지, '공공의 적'이 되어 버렸다.

이제 더 이상 은행은 '공공기관'이 아니다. 아직도 많은 사람이 은행을 고마운 친구로 여기지만, 내가 보기에 은행은 서서히 '공공의 적'이 되어 가고 있는 듯하다. 오랜 친구였던 은행은 언젠가부터 우리를 배신하기 시작했다.

각종 수수료를 만들더니 틈만 나면 인상하고 우리의 소중한 돈을 야금야금 뜯어가고 있다. 또한 대면 창구를 대폭 축소해 우리의 귀한 시간을 허비하게 만든다. 그뿐이 아니다. 과거와 현재의 부실을 털기 위해 갖가지 교묘한 상술을 동원해 은행을 찾는 우리를 현혹하고 있다.

이런 상황에서 우리가 살아남으려면, 가지고 있는 돈을 효과적으로 운용하고 싶다면, 은행과 맞서 유리한 고지에 서야만 한다. 자신에게 유리한 게임을 하느냐 또는 은행이 유리한 방향으로 게임을 진행하도록 놔두느냐에 따라 재테크의 성패가 갈린다.

우리는 이미 매우 불리한 게임을 하고 있을 확률이 높다. 사실 우리 주변에는 100% 질 수밖에 없는 게임을 하는 사람이 생각보다 많다. 2024년 3월 한국은행, 금융감독원, 통계청이 발표한 가계금융복지조사 결과에 따르면, 금융자산 투자 시 선호하는 방법으로 87.3%가 예금, 9.8%가 주식, 1.7%가 개인연금을 꼽았으며 기타가 1.2%였다.

실제로 한국은행이 발표한 2024년 1분기 자금순환에 따르면 한국 가계의 금융자산은 약 5,073조에 이른다. 그런데 그 가계 금융자산 중 가장 큰 비중을 차지하는 것이 예금(46.4%)이다. 채권은 3.4%, 주식은 21.8%로 각각 나타냈다. 보험 및 연금준비금 운용이 나머지 27.6%를 차지했다. 경기 변동성 확대에 따라 각 투자자산별 전망이 쉽지 않다 보니 국민 절반 이상이 현금이나 예적금 형태로 보유하는 것을 원하는 것이다. 불투명한 경제 상황에 적극적인 투자보다는 안전자산에 여윳돈을 두고 새로운 투자 기회를 엿보는 것으로 해석해 볼 수 있다. 하지만 선진국의 경우 예금과 현금을 제외한 나머지 자산 대부분을 투자 자산에 넣고 있다.

결론적으로 지금부터라도 돈 까먹는 은행 예금에 대한 의존을 크게 줄이는 것이 불리한 게임에서 벗어나는 확실한 방법이다. 과거에는 그 대안 중 유력한 것이 '펀드'였다. 실제로 나는 여러 책에서 "펀드야말로 당신이 은행과의 게임에서 이길 수 있는 좋은 수단"이라고 말한 바 있다.

하지만 은행은 그리 호락호락한 상대가 아니다. 은행은 사람들에게 펀드에 가입하라고 권유하기 시작했다. 심지어 정기예금에서 벗어나 펀드에 가입하라고 적극적으로 권한다. 은행 창구에 가 보면 예금이 찬밥 신세라는 것을 쉽게 알 수 있다.

은행이 적극적으로 펀드 판매에 나서는 목적은 개인으로부터 조달한 자금을 굴리는 일이 만만치 않기 때문이다. 대출도 여의치가 않다. 경기 둔화와 고금리 장기화에 따른 연체율 상승 등의 영향으로 부실채권이 늘어나고 있다. 가계 대출 확대가 제한되자 기업 대출로 눈을 돌렸으나 최근 환율 쇼크로 그마저도 휘청하면서 은행은 심사 기준을 강화하거나 취급을 중단하고 있다.

은행으로서는 위험 부담 없이 판매 수수료를 확실하게 챙길 수 있는 펀드 판매를 돌파구로 삼고 있는 것이다. 내가 알고 있는 바로는 은행이 예금을 유치해 얻는 수수료는 고작 0.2%도 안 된다. 하지만 펀드의 경우 많게는 2%의 폭리를 취할 수 있다.

은행은 당신을 판매 수수료가 비싼 펀드에 단기적으로 자주 가입시켜서 자신에게 유리한 게임을 하려고 할 것이다. 각 은행이 선취 판매 수수료가 비싼 해외 펀드 판매에 열을 올리는 이유다. 여기서 기억해야 할 것은 고객들이 오랫동안 장기 투자하면 판매 수수료 수입이 줄어들어 은행으로서는 손해이기 때문에 시장 상황에 따라 계속 펀드를 갈아타라고 유도할 거라는 점이다.

홍콩 H지수 주가연계증권(ELS) 사태 이후 은행에서 펀드는 외면을 받아 왔으나 2024년엔 투자자 시선을 끄는 데 성공했다. 증시 변동성 확대에 불안감을 느낀 투자자들이 은행에서 파는 채권형 펀드의 안정성에 주목한 것이다. 채권형 펀드는 수익률이 예금보다 높지만, 주식처럼 가격 등락이 심하지 않다. 한 금융회사는 펀드를 포함한 수익증권 수수료가 1년 만에 14% 늘었다고도 한다.

이와 같은 은행의 얄팍한 의도를 이해한다면 은행과의 게임에서 유리한 방법이 무엇인지 쉽게 파악할 수 있을 것이다. 이 책에서는 은행을 더 이상 신뢰하면 안 되는 이유와 함께 은행과의 게임에서 이길 수 있는 새로운 수단을 제안하려고 한다.

1장

은행은 전혀 바뀌지 않았다

불완전한 이해나 실수가 부끄러운 것이 아니라
그것을 바로잡지 못하는 것이 부끄러운 일이다.
내가 부자인 이유는 내가 언제 틀렸는지를 알고 있기 때문이다.

조지 소로스

어쩌다 은행은 '공공의 적'이 되었나

어쩌다 은행은 '공공의 적'이 된 것일까? 사실 은행 자체가 나쁘다고 말하기는 어렵다. 여전히 은행은 우리와 가장 가까이 있고, 손쉽게 이용할 수 있는 금융기관이기 때문이다. 은행이 왜 공공의 적이 되었는지를 알려면 은행의 역사부터 살펴봐야 한다.

1980~90년대에는 5대 은행이 있었다. 아직도 기억하는 사람이 많을 듯하다. '조상제한서'. 부모님 전 상서 같은 느낌이라 금세 기억될 것이다. 조상제한서는 조흥은행, 상업은행, 제일은행, 한일은행, 서울은행을 말한다. 순서는 은행의 대략적인 자산 규모 순이다.

십수 년간 엎치락뒤치락하긴 했다. 어느 시기에는 제일은행이 가장 컸고, 다른 시기에는 조흥은행이 최대였다. 그때 국민은행,

하나은행, 신한은행은 중형 은행이거나 신생 은행이었다. 지금과 같은 존재감은 없었다. 아마도 당시에 산속으로 들어가서 '자연인'이 되었다가 최근에 하산한 사람이 있다면 지금의 현실이 믿기지 않을 것이다.

그렇게 대단했던 5대 은행은 사실상 사라졌고, 이제 4대 은행으로 재편되었다. (농협은행을 포함한 5대 은행이라는 표현은 최근 들어서는 잘 쓰지 않는다.) 조상제한서 말고도 평화은행, 대동은행, 장기신용은행, 대동은행, 주택은행, 충청은행, 보람은행, 외환은행이 있었다. 이걸 기억한다면 '라떼' 세대일 것이다.

이들 은행은 금융 자유화와 개방화라는 흐름 속에서 무분별하게 자본을 끌어당기고 부실기업 여신을 과다하게 늘렸다. 그 결과 금융 건전성이 극도로 나빠졌다. 그러던 중 1997년 외환위기(IMF 사태)를 맞았다. IMF는 광범위하고도 강도 높은 구조조정을 요구했고, 대한민국 정부는 긴급자금 지원을 받고 대외신인도를 올리기 위해 그러한 요구를 전폭적으로 받아들였다.

그래서 국제결제은행(BIS) 자기자본 비율이 8% 미만인 은행이 우선 정리 대상이 되었고, 시중은행 16개 중 10개가 사실상의 '독자 회생 불가' 판정을 받았다. '은행은 절대로 망하지 않는다'는 신화가 깨지는 순간이었다.

이 모든 은행이 합병에 합병을 거쳐서 지금의 4대 은행이 된 것이다. 그 합병 과정에는 천문학적인 세금 지원이 들어갔다. 4대 은행이 잘해서 지금의 4대 은행이 된 게 아니다. 정부의 전폭적인 지원과 국민의 세금 등으로 이루어진 바탕 위에 4대 은행이 만들어졌고 성장해 왔던 것이다.

한마디로 4대 은행은 횡재했다고 할 수 있다. 한국은행이 기준금리를 내리면 은행들은 재빠르게 예금 금리는 내린다. 반면 대출금리는 찔끔, 그것도 늦게 내린다. 이에 따라 부동산(아파트) 상승을 자극하거나 가계 부채가 늘까 봐 대출 금리를 내리지 못하기도 한다. 그러니 횡재한 것도 맞고, 횡재 당한 것도 맞다.

금융시장이 작은 우리나라에서 은행의 과점 체제가 이어지면서 여러 폐해가 발생했다. 대표적으로 예대금리 및 수수료의 과도한 인상, 은행 부실에 따른 사회적 비용 증가 등을 꼽을 수 있다.

미국의 경우 은행 숫자가 수천 개도 넘는다. 경제 규모도 크고 땅도 넓기 때문이겠지만, 근본적으로는 은행 설립에 대한 규제가 적기 때문이다. 최소한의 시설과 자본금, 관리 인력이 있으면 누구나 은행업을 할 수 있다.

하지만 우리나라는 1960년대 정부 주도로 중공업, 대기업 위주의 경제 개발을 본격적으로 추진하였고, 여기에 맞게 자금을 지원하는 것이 은행의 역할이었다. 겉모습은 사기업이지만 정부의 정책을 뒷받침하는 공기업의 성격도 가지고 운영된 것이다.

그렇다 보니 한국에서 은행업 면허를 취득하는 것은 정부에서 특별한 목적으로 허가해 주지 않으면 불가능한 일이다. 현재 시중 은행의 경우 외국인 투자자가 많은 지분을 가지고 있지만, 여전히 정부 정책이나 공공을 위한 사업과 제도에 적극적으로 참여하고 지원하고 있다. 경영진 선임 때마다 벌어지는 낙하산 인사 논란을 보면 은행이 사기업인지 공기업인지 헷갈릴 지경이다.

이명박 정부 때는 과점 지위를 확고히 한 은행권이 굵직굵직한 현안을 주도하기도 했다. 최고 권력자의 지인들, 이른바 금융권 '4대 천왕'이 은행을 장악하고 전횡을 일삼았던 것이다. 이러한 관치금융의 부활로 공공의 이익이 특정인 또는 특정 기업에 돌아갔고, 그 피해는 오롯이 국민의 몫이 되었다.

코로나로 인해 횡재한 기업에 정부는 횡재세를 물렸다. 횡재세는 정부 정책이나 대외 환경 변화, 고금리 등 외부 요인으로 기업이 예상치 못한 초과 이익을 얻었을 때, 추가로 내는 세금을 말한다. 은행이 예금 금리보다 대출 금리가 더 빨리 올라 초과 이익을 얻게 되면서, 이를 정부가 환수하려고 한다. 나는 은행에도 횡재세를 물리는 것이 맞다고 생각한다. 이런 은행의 횡재는 지난 십수 년간 있었고 앞으로도 오랫동안 지속될 게 확실하기 때문이다.

물론 경제 상황이 급변하여, 부동산 가격이 급락하고, 기업들이 도산하는 등 경제 위기가 오면 은행들은 안전하지 못할 것이다. 그렇게 되면 은행은 또 정부에 손을 벌릴 것이고, 정부는 혈세를 모아서 지원할 게 분명하다. 은행은 위기일 때는 '금융기관'이라고 하면서 도움을 바라고, 잘나갈 때는 '금융회사'라고 주장하며 간섭하지 않기를 기대할 것이다. 이건 정말 아니지 않은가?

4대 은행(우리, 국민, 하나, 신한)의 합병 과정 >

우리은행

- 1997년 외환위기 이후 상업은행(1899년 설립)과 한일은행(1932년 설립)이 합병해 1999년 '한빛은행'이 출범.
- 이후 2002년 평화은행과 합병하면서 '우리은행'으로 사명 변경.

KB국민은행

- 1961년 정부는 국민은행법을 제정했고 1962년 국민은행법을 개정 후 1963년 한국국민은행 자산과 업무를 인수해 국민은행으로 출범. 1998년 외환위기 때 국민은행이 대동은행(1989년 설립)을 인수.
- 1999년 장기신용은행(1980년 설립)과 합병.
- 2001년에는 주택은행과 합병해 KB국민은행으로 통합, 대형 시중은행으로 성장.

하나은행

- 1991년 한국투자금융이 은행으로 전환하며 출범.
- 1998년 충청은행(1968년 설립) 인수, 1999년 보람은행(1991년 설립)과 합병.
- 2002년 서울은행(1959년 설립)과 합병.
- 2012년 외환은행(1967년 설립) 인수 후 2015년 KEB하나은행으로 공식 합병.

주요 합병 연도 및 특징

은행명	주요 합병 연도	합병/인수 대상	특징 및 결과
우리은행	1999, 2002	상업은행 + 한일은행, 평화은행 등	한빛은행 → 우리은행 대등합병
KB국민은행	1998, 1999, 2001	대동은행, 장기신용은행, 주택은행	국민 + 주택은행 통합, 대형화
하나은행	1998, 1999, 2002 2012, 2015	충청은행, 보람은행, 서울은행, 외환은행	KEB하나은행으로 통합
신한은행	2002, 2006	동화은행, 제주은행, 조흥은행	신한 + 조흥은행으로 통합

신한은행

- 1982년 설립.
- 동화은행(1989년 설립) 인수, 2002년 제주은행(1969년 설립) 인수.
- 2006년 조흥은행(1943년 동일은행과 합병, 이후 조흥은행으로 은행명 변경) 인수·합병, 신한은행으로 통합.

합병의 배경과 영향

- 1997년 외환위기 이후 정부 주도로 부실 은행 정리와 금융 산업 구조조정이 본격화되며 대형 은행 간 합병이 촉진됨.
- 합병 과정에서 점포 통폐합, 인력 감축, 조직문화 통합 등 물리적·화학적 결합을 거침.
- 2000년대 이후에는 글로벌 경쟁력 강화를 위해 대형화가 지속됨.

이처럼 4대 은행은 1997년 외환위기 이후 구조조정과 대형화를 거치며 현재의 모습에 이르게 됨.

우물 안 개구리, 한국의 은행들

오래전 기사가 떠오른다. 그 내용이 너무 충격적이었기 때문이다. '국민은행은 왜 SC스탠다드차타드은행에 역전당했나?'와 '기는 국민은행, 나는 SC스탠다드차타드은행'이라는 제목의 〈매일경제〉의 기획 기사였는데, 그 기사를 읽으며 한국 은행들의 진짜 실력이 드러나는 느낌을 받았다.

기사의 대략적인 내용은 SC스탠다드차타드 은행이 2년 반 사이 자산을 두 배 이상 불린 데 반해 국내 최대 은행인 국민은행은 거의 제자리걸음이라는 현실을 말하며, 좁은 국내 시장에서 과당 경쟁에 몰두하며 해외 진출에는 소극적으로 임하는 우리 금융의 경쟁력 문제를 지적하는 것이었다.

다음 도표에서 보듯이 2004년에는 국민은행이 SC스탠다드차타

SC스탠다드차타드와 국민은행 자산 비교

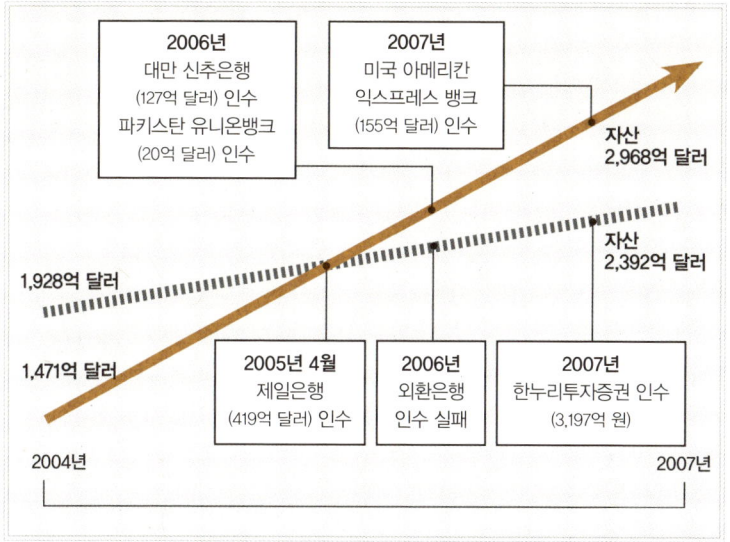

드은행보다 자산이 457억 달러나 많았다. 그런데 1년 뒤인 2005년에는 비슷해졌다. 그 이후 차이는 가파르게 벌어져 2014년에는 무려 2.6배에 이르게 된다. 그동안 국민은행은 뭘 하고 있었던 것일까.

당시 기사는 국민은행이 소극적 경영으로 성장 기회를 번번이 놓친 결과라고 결론지었다. 리스크 관리에만 급급, 자본시장통합법 도입 영향 간과, 지나친 은행 영업 위주 판단, 그리고 발빠른 경영 전략 수립 능력 부족 등을 그 이유로 꼽았다. 2007년의 기사지만, 2025년 최근 기사라고 해도 이상하지 않을 듯하다. 그동안 달라진 게 별로 없기 때문이다.

은행은 '공인된 고리대금업자'라는 말이 그리 과장된 표현이 아닌 듯싶다. 맑은 날 우산을 빌려주고 비 오는 날 우산을 회수해 간다는 우스갯소리가 있을 정도다. 아니, 비 오기 전, 흐린 날에 회수해 가기도 한다.

정부가 허가해 준 고리대금업이라는 확고부동한 수익 모델을 갖췄는데, 무슨 도전을 하겠는가? 리먼 브러더스 사태에도, 남유럽 경제 위기에도, 그리고 최근 트럼프 관세 전쟁 위기에도 은행은 끄떡없다. 아니, 오히려 돈을 더 벌고 있다.

그냥 '우물 안 개구리' 신세다. 그런데 그 우물이 생각보다 크고 깊다. 먹을 게 너무 많다. 굳이 우물 밖으로 나가지 않아도 된다. 정부는 그걸 용인해 주고 있다. 세계로 나가면 아무런 경쟁력이 없다. 그런 경쟁력을 키울 생각도 의지도, 능력도 없어 보인다. 그게 딱 현재 은행의 본질이고 한계이자 리스크다.

시중은행이 과점 체제를 기반으로 배를 불리는 데만 치중하자 그 대안으로 급부상한 것은 인터넷 전문은행이다. 정부는 1992년 평화은행 설립 이후 25년 만인 2017년 새로운 은행을 출범시켰다. 2017년 4월과 7월 케이뱅크와 카카오뱅크가 본격 영업을 개시하면서 인터넷 은행 시대를 열었고, 2021년에는 토스뱅크가 문을 열었다.

이에 자극받은 시중은행들이 간편 송금 등 인터넷 은행의 혁신적인 서비스를 도입하는 등 인터넷 은행의 등장은 금융시장의 경쟁을 촉진하는 일종의 '메기 효과'도 거두었다. 하지만 이미 굳어진 시중은행의 과점 구조를 깨기엔 역부족이었다.

고금리로 인해 치솟은 대출 이자와 원금 갚느라 모두의 허리가 휘었던 2022년, 5대 시중은행의 성과급은 1조 3,823억에 달했다. 2021년 1조 19억 원보다 약 35%나 늘어난 금액이다. 외환위기 등 은행이 어려울 때 국민 세금인 공적자금으로 피해를 만회하고도 정작 국민이 어려울 땐 '이자 장사'와 '돈 잔치'에만 몰두하고 있다는 비판이 나오는 이유다. 이렇듯 은행들이 '땅 짚고 헤엄치기'식 이자 장사를 하는 것이 가능한 이유는 모두 앞서 설명한 과점 체제 덕분이다.

게다가 2022년 5대 은행의 사회공헌 규모는 전체 이익의 5~6% 수준에 그쳤다. 국회 정무위원회 소속 윤창현 전 의원(국민의힘)에 따르면 인터넷 은행 등을 모두 합한 국내 전체 은행권의 2021년 당기순이익 대비 사회공헌금액 비율은 -1.26~13.59% 수준에 그쳤다. 적자(-7,960억 원)인 씨티은행을 제외한 나머지 은행이 모두 흑자를 냈음에도, 사회공헌 규모는 극히 저조했던 것이다.

부랴부랴 5대 은행을 포함한 은행권이 향후 3년간 10조 원 이상의 사회공헌 프로젝트를 추진하겠다고 밝혔지만, 상당 부분은 보증 재원을 늘려 그 수십 배에 이르는 대출을 더해 주겠다는 이른바 '보

주요 시중은행의 신입 공채 인원 (단위: 명)

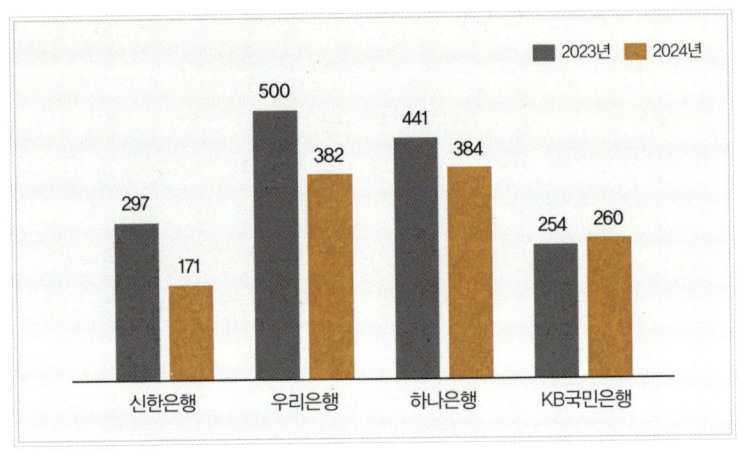

증 배수' 효과로 채워진 것으로 전해지면서 국민의 공분을 샀다.

은행이 수익을 낸다고 사회적으로 고용 창출에 기여하는 것도 아니다. 2024년 역대 최대 실적을 기록했음에도 은행들은 20%나 채용 규모를 줄였다. 디지털 금융으로의 전환이 가속화하면서 비대면 거래가 활성화되고 점포가 축소된 데 따른 결과라고 한다.

국내 은행의 경쟁력은 글로벌 은행에 비하면 여전히 '우물 안 개구리' 수준이다. 이익 창출 다각화, 해외 영업 등 비이자 이익이 많은 글로벌 은행과 달리 여전히 국내 은행은 손쉬운 이자 장사에 몰두하는 게 현실이다. 그러면서 '청년 고용 확대'를 포함한 사회적 책임에는 소홀하니 어찌 은행을 보는 시선이 달가울 수 있겠는가.

대출 금리가 오르는데 예금 금리는 떨어진다고?

은행들은 한결같이 예금 금리 인하에는 재빠르게 대응하면서도 대출 금리 인하에는 미적거린다. 서민들이 분통을 터뜨리는 이유다. 그런데 2024년에는 거기서 한술 더 떠 예금 금리는 낮아지고 대출 금리는 올라가는 기형적인 현상이 지속되었다.

　미국 연방준비제도(Fed, 이하 연준)의 기준 금리 인하 가능성에 은행권은 2년 만에 가장 큰 규모로 예금 금리 인하를 단행했다. 하지만 2024년 상반기부터 시작된 가계 대출의 증가세를 우려한 금융당국의 속도 조절 요구에 가산금리를 인상해 대출 금리는 계속 올리고 있다. 한 달에 몇 번꼴로 대출 금리를 올리기도 했다. 통상적으로 금리 인하기엔 시장금리가 떨어지면서 예대금리차가 축소되는 것을 고려하면 예외적 흐름이다.

그 덕에 예대 차익은 더욱 커졌고, 국내 5대 은행의 예대 차익은 1년 8개월 만에 일제히 1%p를 넘겼다. 2024년 12월 30일 은행연합회의 예대금리차 비교 공시를 보면 5대 시중은행의 가계 대출 예대 차익은 1.00~1.27%p로 나타났다.

5대 은행 중에선 KB와 NH의 예대금리차가 1.27%p로 컸고, 하나(1.19%p), 우리(1.02%p), 신한(1.00%p)이 뒤를 이었다. 예대금리차를 공시한 전국 19개 은행 중에선 전북은행(5.93%p), 토스뱅크(2.48%p), 한국시티은행(2.41%p), 카카오뱅크(2.04%p) 순으로 예대금리차가 컸다.

예대 차익은 은행이 예금자에게 지급하는 이자율과 대출자에게 부과하는 이자율의 차이로, 은행의 주 수익원 중 하나다. 대출을 통해 은행이 얻는 이자 수익이 예금에 지급하는 이자 비용보다 높으므로 차익이 발생해, 은행의 수익이 높아지는 것이다.

불경기는 계속되는데 한 달에 몇 번꼴로 대출 금리가 올라가니 금융 소비자들은 속이 탈 수밖에 없다. 그런데 그 와중에 주요 은행의 평균 연봉, 퇴직금 등이 더 올랐다는 기사가 나오자 '돈 잔치' 논란이 더욱 거세지고 있다.

2024년 8월 17일 금융감독원 전자공시시스템에 공개된 반기보고서에 따르면 2024년 상반기 4대 시중은행(KB국민·신한·하나·우리) 임직원의 평균 급여 수령액은 6,050만 원이다. 이 중 급여액이 가장 높은 곳은 하나은행 6,700만 원이다. 국민은행 6,000만 원, 우리은행 6,000만 원, 신한은행 5,500만 원 순으로 뒤를 이었다.

이는 2024년 1~6월 합산액으로, 1년 총액으로 단순 계산하면 이들 은행의 올해 평균 연봉은 1억 2,100만 원에 달할 것으로 관측된다. 2023년 4대 은행 1인당 평균 연봉 1억 1,600만 원과 비교하면 약 4.31% 증가한 수치다.

또한 NH농협은행을 포함한 5대 은행에서 2023년 희망 퇴직한 은행원들이 받은 총퇴직금은 평균 5억 원을 넘어설 것으로 추정된다. 장기 근속자 등 일부의 경우, 법정 기본 퇴직금과 특별 퇴직금을 합해 10억 원가량의 퇴직금을 챙겼을 것으로 추측된다. 치솟는 대출 금리에 서민경제가 위협받고 있는 가운데, 은행권의 고액 연봉·퇴직금은 서민들의 한숨을 더할 뿐이다.

장기적으로 이어진 경제 불황과 국내외의 불안정한 정세는 앞으로의 경제 전망을 더욱 어둡게 하고 있다. 기업·소상공인·가계 부실 확대, 경제성장률 둔화·환율 상승에 따른 위험으로 인해 '리스크 관리'가 금융권의 화두로 떠오르고 있다. 이런 상황에서 정부 정책에 반드시 협조하라고 강요하는 것은 시대착오적인 발상이다.

은행은 대출 금리 인하에 나서야 한다. 대출 금리 인하로 경기를 살리는 데 일조할 수 있다면 이는 은행에도 합리적이고 상업적인 판단일 수 있다. 왜냐하면 은행들의 발목을 붙잡고 있는 기업과 소상공인, 가계 부실 문제는 경기가 회복돼야 근본적으로 해결될 수 있기 때문이다. 은행들 스스로도 연체율 감소는 경기 회복과 직결되어 있다고 인정해 왔던 터다.

금리 인하가 은행 수지에 3개월 정도 마이너스 효과를 가져온다고 어느 은행장은 이야기했다. 하지만 그 금액은 기껏해야 수십억 원 정도라고 덧붙였다. 은행에 따라 다르겠지만 단기적으로 수십억 원의 적자를 보는 것과 장기적으로 수천억 원에서 수조 원에 달하는 대손충당금 부담을 줄이는 것 중 어떤 것이 더 합리적일까.

은행은 단기적인 이익에 집착하지 말고 대출 금리 인하에 나서야 한다. 그것이 상업을 추구하는 은행으로서의 합리적 판단이다. 영문을 잘 모르는 많은 국민은 아직도 은행을 친숙한 이웃 또는 공공기관이라고 착각하고 있다.

어려움에 부닥친 많은 은행이 국민의 혈세로 도움을 받았다. 또 그렇지 않은 은행이라 할지라도 직간접으로 정부와 국민의 도움을 받은 것이 사실이다. 은행은 이제 자성해야 한다. 그리고 지금이라도 당장 과도하게 책정된 대출 금리를 합당한 선으로 낮춰야 한다.

04 서민을 무시하는 은행의 디마케팅

각 은행은 가계와 자영업자, 중소기업의 연체율이 점차 높아지면서 돈이 안 되는 고객을 쫓아내는 이른바 '디마케팅(demarketing)'에 힘을 쏟고 있다. 디마케팅은 소비를 촉진하기 위한 일반적인 마케팅 기법과 달리 수요자의 소비 성향을 둔화시키거나 소비를 원천적으로 봉쇄하는 것을 말한다. 은행권에서는 주로 수익에 도움이 안 되는 고객을 밀어내는 마케팅 방식으로 활용되고 있다.

나는 한때 종로구 내수동에 있는 주상복합 건물에 개인 사무실을 열었던 적이 있다. 입주한 지 얼마 되지 않아 모 은행의 광화문 지점이 사무실 근처로 이전해 왔다. 그런데 이상한 일이 벌어졌다. 은행 입구 쪽에 자동화 코너가 있음에도 불구하고 도로 쪽에 또 다른 자동화 코너를 만드는 것이 아닌가? 단순히 돈을 입출금하는 고객은 아예 은행 입구로는 들어오지 말라는 것으로 해석할 수밖에 없었다.

고객을 홀대하는 은행의 처사는 여기서 그치지 않는다. 입금, 출금, 공과금 수납 등 단순한 창구 업무는 입구 쪽에 배치하고 대출이나 펀드 등 금융상품 상담 등을 맡은 다기능 창구는 안쪽에 배치한다. 이와 같은 디스플레이는 모든 은행 창구에서 목격되는 현상이다. 심지어 가장 안쪽에 있는 지점장실은 VIP 고객 상담실로 활용하고 있다.

결국 서민들은 예전보다 더욱 불편해졌고 상대적으로 기업 고객 및 거액 예금자들은 은행 이용이 편리해졌다. 실제로 월말이 다가오면 은행 창구는 몰려드는 사람들로 늘 북적거린다. 많게는 50명의 대기자가 발생하기도 한다.

이렇다 보니 자신의 차례를 기다리는 시간도 만만하지 않다. 사람이 많으면 30여 분 이상 기다려야 하는 때도 있다. 단순 업무 창구는 고작해야 두세 개 정도만 준비되어 있기 때문이다. 게다가 실제 업무에 투입되는 인원은 한두 명에 그치는 경우가 대부분이라 이쯤 되면 짜증이 더욱 심해질 수밖에 없다.

이렇듯 돈이 안 되는 고객을 쫓아내는 '디마케팅'에 힘을 쏟는 은행이 늘고 있다. 고객을 웃으면서 맞기는 하지만 영양가 없는 고객은 창구에서부터 불편하게 대함으로써 '창구에서 자동화기기

(ATM)로', 'ATM에서 인터넷 뱅킹으로' 점차 밀어내겠다는 의도다. 이렇게 은행들이 '고객 친화 점포 구축'이라는 명목으로 진행 중인 창구의 변신에는 '군살'을 빼고 우량고객 위주로 수익구조를 재편하겠다는 전략이 숨어 있다.

동전 교환 등 소액 고객들이 주로 이용하는 업무는 공공연한 기피 대상이다. 동전 교환이 가능한 요일이 정해져 있고, 오전 두세 시간 정도만 가능하다. 그 덕분에 동전으로 가득 찬 돼지 저금통이 처치 곤란인 집이 한두 집이 아닐 것이다.

2021년 단계적으로 일상을 회복하는 '위드 코로나'가 시행됐지만, 은행은 연말까지 한 시간 단축 운영 조치를 유지했다. 당시 정부가 '가계 부채와의 전쟁'을 선포한 데 따라 은행들도 대출 문을 닫아 버리는 강수를 두었다. 대형 은행 중에는 신용대출, 주택담보대출(주담대) 등 가계 대출 대부분을 아예 취급하지 않는 곳마저 생겼다. 대출이 몰릴까 봐 고객을 밀어내는 디마케팅 기법을 쓴 것이다.

2023년 7월 은행계는 만기를 50년으로 늘린 주담대를 공개했다. 그런데 이 주담대에 연령 제한을 두는 디마케팅 행보를 보인 바 있다. 수협은행과 카카오뱅크는 만 34세 이하 대출자에게만 만기 주담대를 승인하고 있고, 판매를 중단한 은행도 있었다.

은행의 디마케팅은 여기서 그치지 않는다. 마치 비행기의 좌석

등급이 비즈니스석, 이코노미석으로 구분되는 것처럼 은행에서도 서민과 부자의 대접에 차이가 존재한다. 대표적인 것이 고객 등급제다. 은행은 고객의 자산 규모와 거래 실적에 따라 고객을 등급별로 나누고 그에 따라 혜택을 제공한다.

신한은행의 경우 VIP, 프리미엄, 일반, 신규 고객으로 고객을 세분화하고 있는데, VIP 고객에게는 전담 상담사가 배정되며 특정 금융상품 이용 시 데이터 분석 서비스와 포트폴리오 관리 등의 서비스가 제공된다. 또한 최대 연 3%의 우대 금리가 적용된다. 프리미엄 고객에게는 연 2%의 우대 금리와 더불어 고객 맞춤형 투자자문 서비스가 제공된다.

이러한 고객에 대한 '선택과 집중' 효과는 성과로 뚜렷이 나타난다고 은행 관계자는 귀띔한다. 전체 고객 중 20%대를 차지하는 우수고객이 은행 수익의 대다수를 차지한다는 점에서 '80/20' 법칙에 충실할 수밖에 없다는 게 은행 측의 설명이다.

자영업자 또한 은행의 홀대를 받고 있다. 2024년 빚을 갚기 어려워 채무조정을 신청한 금융 소비자가 20만 명에 가까운 것으로 나타났다. 게다가 내수 경기 전망이 흐린 만큼 개인사업자를 중심으로 대출 상환에 경고등이 켜진 상태다. 한국은행에 따르면 2024년 3분기 말 기준 전체 자영업자의 연체율은 1.7%다. 이는 2015년 3월 말(2.05%) 이후 9년 만에 최고 수치라고 한다.

이에 따라 은행들은 적극적으로 대출의 문턱을 높이고 있다. 대출을 내주는 입구에서부터 심사를 강화하는 것이다. 경기 민감 업종 개인사업자의 대출 가산금리를 더 높이거나 신용등급을 낮추는 방식으로 디마케팅을 벌여 취약 금융 소비자를 배제하는 것이다.

한 은행 관계자는 "디마케팅의 궁극적 목표는 고객 차별화에 있다. 즉 우량고객 중심으로 사업구조를 유지하는 것이다. 이렇게 비우량고객 집단에 대한 마케팅 비용을 최소화함으로써 우량고객 집단의 만족을 높일 수 있다는 점에서 점차 확대될 수밖에 없다"라고 밝히고 있다.

자 어떤가. 이제 우리들의 선택은 분명해졌다. 스스로 로열 고객이 아니라는 판단이 든다면 더 이상 은행에 머물 필요가 없다. 다행히 대안은 많다. 단지 모르고 있을 뿐이다. 항구(은행)를 떠나지 않고 오랫동안 정박해 있는 배(은행 고객)를 기다리고 있는 것은 부식(가난)밖에 없다. 이제는 신세계(투자)를 향해 출항하기로 하자.

05 교통비 들여 영업점을 찾으면 이자 덜 받는다?

디마케팅에 더해 영업점을 찾는 고객들을 울리는 것은 '디지털 소외 계층'에 대한 차별이다. 근래 은행의 변화를 한마디로 설명하면 '비대면과 디지털 금융 확대'라고 할 수 있다. 이에 대응하고자 은행들은 단계적으로 영업점을 폐쇄해 왔다.

한국은행 경제통계시스템에 따르면 2024년 3분기 말 기준 국내 은행 점포 수(해외 점포 포함)는 총 5,849곳으로 1년 전(5,902곳)보다 53곳 감소했다. 2012년 말 7,835곳으로 정점을 찍은 뒤 최근까지 쭉 감소세다. 2017년 말 7,000곳 아래로, 2022년 3분기 말 6,000곳 아래로 떨어진 뒤 감소세가 다소 둔화하기는 했지만, 여전히 매 분기 점포 수는 줄어들고 있다.

직접 은행에 가서 금융 업무를 보고 싶어도 가까운 은행 찾기가 어렵다. 차를 타고 몇십 분을 가야 한다. 그렇게 힘들게 은행을 찾아도 직원들의 첫마디는 "앱은 설치하셨어요?"다. 영업점에 방문하지 않아도 앱을 통해 간편하게 상품에 가입할 수 있고, 비대면으로 가입해야 수수료 면제 혜택까지 받을 수 있다며 비대면 가입을 적극적으로 권유한다.

금융권이 발표한 자료에 따르면, 2024년 상반기 주요 시중은행들이 판매한 대다수 금융상품의 비대면 신규 판매 비중이 대면 판매 비중을 넘어선 것으로 나타났다. 우리은행은 예적금, 신용대출, 펀드 부문에서 모든 금융상품이 80% 이상 비대면으로 판매되며 디지털 전환이 상당히 진행되었음을 보여 주었다.

하나은행은 신용대출 중 95%가 온라인에서 이뤄지면서 여신 부문에서 사실상 완전한 디지털화를 기록했다. 비교적 까다로운 담보대출에서도 비대면 비중이 68.7%를 차지했다.

은행이 이렇듯 비대면 전환에 앞장서는 데는 '비용 절감'이 중요한 이유로 자리 잡고 있다. 신한은행은 상반기 디지털 영업으로 2024년 35%가량 비용 절감 효과를 얻었다고 발표했다. 2023년 비용 절감 효과가 10%였던 것을 보면, 디지털 전환으로 인한 비용 절감 효과가 더욱 커지는 추세임을 알 수 있다.

문제는 은행들이 모바일 고객 유치를 위해 비대면 고객에게만 금리 혜택과 수수료 면제 등 우대조건을 제공하면서, 사실상 대면 고객에게는 '페널티'를 적용하고 있다는 데 있다. 애써 영업점을 찾는 고객을 잘 대접하기는커녕 도리어 그들에게 더 비싼 비용을 청구하고 있는 것이다.

금융감독원 금융상품통합공시를 살펴보면 최고 우대 금리 기준 한국은행 기준 금리(연 3.00%, 2025년 1월 기준)를 웃도는 정기예금 상품 25개 가운데 영업점에서 가입할 수 있는 정기예금 상품은 9개에 불과했다. 16개 상품은 스마트폰 등 비대면 채널에서만 가입할 수 있다.

영업점 가입 가능 상품이라도 비대면 가입 시 우대 금리를 주는 경우가 적지 않다. iM뱅크의 'iM주거래우대예금(첫만남고객형)'의 경우 인터넷 폰, 모바일앱 뱅킹에 가입하면 최대 연 0.20%p의 금리를 더 얹어 준다. iM뱅크의 'iM함께예금'은 인터넷·모바일뱅킹을 통해 가입 시 연 0.05%의 우대 금리를 제공하고, 제주은행의 'J정기예금(만기지급식)'은 비대면 채널 가입 시 0.3%의 우대 금리를 제공한다. 이를 고려하면 25개 은행 정기예금 중 6개만이 대면·비대면 간 혜택 차이를 두지 않고 있다고 봐도 무방하다.

적금도 상황은 비슷하다. 최고 우대 금리 기준 상위 10개 적금 중 은행 영업점에서 가입할 수 있는 상품은 제주은행의 'MZ플랜적금' 등 세 개뿐이다. 연 8%의 가장 높은 금리를 기록한 'KB차차차적금'과 'BNK아기천사적금'은 모두 스마트폰으로만 가입이 가능한 상품이다.

상황이 이렇다 보니 모바일·온라인에 익숙하지 않고 대면을 선호하는 노인 등의 금융 취약 계층은 디지털 혜택에서 소외돼 사실상 더 큰 비용을 부담하고 있는 셈이다. 영업점이 줄어들며 금융 접근성이 떨어지는 것은 덤이다.

한국갤럽이 2023년 2~7월 전국(제주 제외) 만 13세 이상 5,202명을 대상으로 조사한 '금융·쇼핑·생활편의·미용 서비스 19종 이용률'에 따르면 60대 이상의 1년 내 인터넷/PC뱅킹 이용률은 23%로 30대(69%) 등 타 연령대를 크게 밑돌았다. 모바일/스마트폰 뱅킹 이용률은 49%로 절반 아래였다. 90%대인 타 연령대에 비해 현저히 낮은 수치다.

이러한 금융 소외 현상이 지적되자 18개 은행은 고령자를 위한 은행 앱 '간편모드'를 출시했다. 하지만 일반 모드에서 글씨가 조금 커지는 고령자 모드만으로는 기존 앱의 화면 구성과 큰 차이가 없어 실효성이 없을 뿐 아니라 근본적 대책이 될 수 없다는 지적이 나온다. 상품 자체를 비대면으로만 파는 것이 문제라는 것이다.

은행도, ATM도 점차 사라지고 있지만 우리 사회에는 여전히 휴대전화로 돈이 오고 가는 것을 불안해하는 사람들이 존재한다. 디지털 금융 확대라는 추세를 거스를 수는 없겠지만 디지털 금융 거래에 어려움을 겪는 노인, 장애인 등의 금융 소외 계층을 고려하여 점포를 일정 수준 유지하면서 이들의 모바일 이용률을 서서히 높여 가는 보완책이 필요하다.

고금리 지속으로 이자 수익이 사상 최대를 기록하며 시중은행들은 역대 최대의 당기순이익을 기록했다. 하지만 은행을 이용하는 소비자들에게 혜택이 돌아온 것은 거의 없다. 은행은 돈을 벌었지만, 고객은 그만큼 부담이 늘었다. 교통비와 시간을 들여 영업점을 찾아도 찬밥 신세에 수수료만 더 내고 이자까지 덜 받는다면, 정말 그 은행은 누구를 위한 은행인지 존재 이유를 되물을 수밖에 없다.

벼룩 간 빼먹는 수수료 천국

1년에 두세 차례 있는 제사 때마다 차남 한심한 씨는 고향에 있는 형님에게 돈을 부친다. 제사가 가까워진 어느 날 한 씨는 20만 원을 송금하기 위해 은행을 찾았다. 그런데 창구 여직원이 송금수수료 2,000원을 달라고 말한다. 놀란 한 씨는 20만 원밖에 안 보내는데 웬 수수료가 이리 비싸냐고 따졌다. 여직원은 규정상 자신도 어찌할 수 없다는 답변만 반복한다.

안준비 씨는 K은행을 주로 이용한다. 안 씨는 K은행으로 월급이 입금되기 때문에 약간의 예금을 이 은행에 갖고 있고 지갑에는 항상 K은행의 신용카드가 있다. 그러던 어느 날 안 씨는 자신의 사무실을 옮겼다. 그 사무실 주변에는 K은행 지점이나 ATM기기가 보이지 않는다. 결국 다급하게 돈이 필요했던 안 씨는 겨우 찾아낸 ATM기기를 보자 마치 고향 친구를 만난 듯 내심 반가웠다.

안 씨는 그 기계에서 10만 원을 찾았다. 그러나 명세서를 집어 든 안 씨는 자기 눈을 의심하지 않을 수 없었다. 출금 수수료가 600원이나 붙어 있었기 때문이다. 안 씨는 기계가 잘못되었을 거로 생각했다. 그래서 명세서를 들고 반쯤 내려진 은행 셔터문을 흔들었다. 안에서 일하고 있던 은행 직원이 얼굴을 내밀고 나왔다. 안 씨는 수수료가 잘못 나온 게 아니냐고 따져 물었다. 하지만 직원의 대답에 안 씨는 다시금 화가 났다. 영업시간이 지나면 자신이 거래하는 은행에서 돈을 찾는다 해도 출금 수수료가 붙는다는 설명 때문이었다.

모르긴 해도 적잖은 사람들이 앞에서 언급한 사례와 비슷한 이유로 유쾌하지 않은 경험이 있었을 것으로 생각한다. 나 역시 아까운 수수료를 숱하게 냈었다. 그래서 되도록 가까운 은행의 카드를 갖고 다니곤 한다.

인터넷 뱅킹을 이용해도 수수료에서 벗어날 수 없다. 얼마 전까지만 해도 인터넷 뱅킹을 이용한 송금수수료는 무료였다. 하지만 현재 대부분의 은행에서는 수수료를 떼간다. 처음에는 300원을 떼다가 최근에는 500원을 받는다. 조만간 네 자리 숫자(1,000원)를 달라고 하는 건 아닌지 심히 걱정스럽다.

은행의 수익은 크게 두 가지에서 발생한다. 예대 마진과 각종 수수료 수입이 그것이다. 그런데 고객의 입장을 반영하지 않은 일방적인 수수료 부과는 어이가 없다. 오히려 이에 따라 은행의 주가는 폭등할 가능성이 크다. 현재 진행 중인 모든 금융정책은 친은행 쪽으로 흘러가고 있다. 수수료가 아까운 사람들은 더 늦기 전에 은행주나 잔뜩 사두는 게 낫지 않을까?

물론 은행들이 수수료를 올리는 데는 그럴만한 핑곗거리가 있다. 그동안 수수료가 지나치게 낮아 밑지는 장사를 해 왔다는 것이 첫 번째 이유다. 3대 거짓말 가운데 으뜸인 장사꾼이 밑지고 판다는 말을 공공연히 떠벌리는 것이다. 두 번째 이유는 은행들도 이제는 동전 교환, 공과금 수납 등을 담당하는 단순한 서비스 기관이 아니라는 것이다. 이제는 본격적인 장사꾼의 본성을 드러내겠다는 선전포고로 해석할 수밖에 없다.

자주 이용하는 현금 인출에 대한 수수료는 은행 마감 시간 뒤 다른 은행의 현금 인출기를 이용할 경우, 최고 1,000원까지 내야 한다. 은행 창구에서 1만 원 이상 타행 송금 시 최고 2,000원의 수수료를 물리는 은행이 있다면 믿을 수 있겠는가? 거의 20%의 수수료를 받는다는 얘기다.

은행들은 이처럼 수수료를 팍팍 올릴 수밖에 없는 이유로 그만

은행별 타행 송금 수수료

은행	창구이용	자동화기기		인터넷 뱅킹	텔레뱅킹 (ARS 이용 시)	모바일 뱅킹
		마감 전	마감 후			
BNK경남은행	2,000	700	1,000	500	500	500
BNK부산은행	2,000	800	1,000	500	500	500
IBK기업은행	2,000	700	900	면제	500	면제
KB국민은행	2,000	1,000	1,000	면제	500	면제
KDB산업은행	1,500	800	800	면제	면제	면제
NH농협은행	2,000	1,000	1,000	500	500	500
SC제일은행	2,000	1,000	1,000	500	500	500
Sh수협은행	2,000	1,000	1,100	500	500	500
iM뱅크(구 대구은행)	2,000	1,000	1,000	500	500	500
광주은행	2,000	1,000	1,000	500	500	500
신한은행	2,000	1,000	1,000	면제	500	면제
우리은행	2,000	1,000	1,000	면제	500	면제
전북은행	2,000	1,000	1,000	면제	면제	면제
제주은행	2,000	800	1,000	500	500	500
카카오뱅크	해당 없음	면제	면제	해당 없음	해당 없음	면제
케이뱅크	면제	면제	면제	면제	면제	면제
토스뱅크	해당 없음	면제	면제	해당 없음	해당 없음	면제
하나은행	2,000	1,000	1,000	500	500	500
한국씨티은행	2,000	면제	면제	면제	500	면제

출처: 은행연합회

큼 비용이 많이 들어가기 때문이라고 변명한다. 그러나 은행들은 수수료 부문에서 최소의 비용으로 최대의 수익을 올리고 있다고 생각한다. 물론 100% 안전성을 자랑하면서 말이다. 그야말로 날로 먹으려는 얄팍한 상술에 지나지 않는다는 느낌을 지울 수 없다.

은행들이 수수료를 대폭 올릴 수 있는 것은 정확한 원가 공개가 이뤄지지 않기 때문인지도 모른다. (물론 나는 원가 공개를 반대한다. 아파트 원가 공개든 수수료 원가 공개든 자본주의 시장 논리에는 맞지 않는다. 세상에 어떤 기업이 원가 공개를 하겠는가). 그러나 이제는 바꿔야 하지 않겠는가?

은행은 위기 시에는 정부에 손을 벌리고, 호황기에는 배당과 성과급 잔치를 벌인다. 고객에게는 고위험 펀드를 권유하고, 자주 갈아타게 하며 수수료 수입을 극대화한다. 은행 자신도 자신들을 '금융기관'이 아닌 '금융회사'라며 이중적 태도를 보인다. '금융기관'이라는 명분은 필요할 때만 꺼내 드는 도구일 뿐이다.

2장
은행이 재테크 최대의 적인 이유

타고 있는 배에 물이 샌다는 것을 알게 되면
구멍을 막느니 차라리 배를 바꿔 타는 것이 생산적이다.

워런 버핏

보험, 펀드까지 끼워 파는 은행의 횡포

과거 은행이 대출해 주면서 대출금 일부를 예금으로 유치하는 이른바 '꺾기'가 유행한 적이 있다. '꺾기'란 금융상품 강요 행위로 협상력이 낮은 중소기업이나 저신용자 등에 은행이 대출 업무를 할 때 원하지 않는 금융상품을 강요하여 실질적으로 대출 금리를 높이는 불공정 행위를 말한다. 과거에는 예금이었고 현재는 보험, 펀드를 활용한 꺾기가 공공연히 이루어지고 있다.

내가 중고등학교에 다니던 시절, 동네에 유명한 불량 서클이 여럿 있었다. 그중 가장 규모가 컸던 동아리 이름은 '야생마'였다. 이 조직은 경쟁 동아리인 들국화, 블랙울프보다 몇 배나 더 컸으며, 중학교 2학년부터 고등학교 3학년까지 다 엮여 있었고, 심지어 인근의 학교와도 연결되어 있었다. 이 야생마를 대적할 강자는 없었다. 그리고 약간 껄렁한 애들은 이 동아리의 조직원이 되길 원했고, 조직원이 된 다음부터는 세상에 무서운 것이 없었다. 물론 강력한 매를 든 선생님 몇 분만 제외하고는 말이다.

선생님은 이들 조직에 대해 잘 모르는 듯했다. 어쩌면 모르는 체했을지도 모른다. 그래서 고등학교 1학년이 되었을 때, 나는 이 조직의 실체와 조직원의 상황을 고발하는 글을 썼다. 교실에 있는 책상과 걸상으로 의인화해서 이야기를 풀어 갔다. 조직원 가군, 나군, 다군, 라군, 마군 등의 실명을 들먹이며 책걸상이 겪는 고초를 하나씩 밝혀 나갔다.

예를 들면 가군의 책상은 가군의 칼에 의해 난도질당하고 있다, 나군의 걸상은 하루에 하나씩 뜯겨 난로로 향하고 있다는 식이었다. 그냥 선생님만 참조하시라는 생각에서 썼는데 문제가 발생했다. 이 글이 글짓기 대회 대상으로 뽑혀서 교지에 실리게 된 것이다.

이 글을 접한 동아리의 조직원들이 가만 있을 리 없었다. 실제로 가군은 나를 찾아와서 험악한 표정을 지으며 "서운하고 실망스럽다"라는 얘기를 하고 돌아갔다. 그날 난생처음 죽음의 공포를 느꼈다. 옆의 친구들이 괜찮을 거라며 위로했지만 얼어붙은 마음은 쉽게 녹지 않았다. 물론 친구들의 말처럼 아무 일도 일어나지 않았다.

학창 시절 얘기를 길게 한 이유는 2025년판 조폭들을 고발하기 위함이다. 바로 은행이 그 조폭이다. 중소기업을 하는 C씨는 대출 만기를 연장하러 은행을 찾았다가 꺾기를 당했다. 은행 직원은 A씨에게 방침상 한도와 우대 금리를 축소할 수밖에 없다며 월 30만 원을 넣는 적립식 펀드에 가입하면 최대한 사정을 봐주겠다고 말했다. 대출 한도가 당장 아쉬웠던 C씨는 울며 겨자 먹기로 그 펀드에 가입할 수밖에 없었다.

국회 정무위원회 소속 유동수 더불어민주당 의원이 2024년 9월 3일 금융감독원으로부터 받은 자료에 따르면, 2023년 국내 은행의 '꺾기' 의심 사례는 총 15만 9건, 금액으로는 17조 3,152억 원에 달하는 것으로 드러났다. 이는 2019~2023년에 걸쳐 5년간 역대 최대 금액이다.

일반적으로 대출 실행일 전후 1개월 내 판매한 예적금, 보험, 펀드, 상품권 등의 월 단위 환산 금액이 대출 금액의 1%를 초과하면 꺾기로 간주한다. 금융소비자보호법에서 불공정 영업 행위로 규정하고 있으나, 꺾기를 규정하는 기준이 애매모호해 현장에서는 여전히 이러한 불공정 행위가 반복되고 있다.

해당 기간을 피해 편법으로 상품을 판매하기도 하고, 그 금융상품에 반드시 가입해야 한도나 금리를 잘 봐준다고 '조건부'로 안내했는지, 단순 권고였는지 분명하게 가려내기가 쉽지 않기 때문이다. 그렇다고 그 직원을 마냥 욕할 수도 없다. 그 직원이 그렇게까지 하는 이유는 목표량이 있기 때문이다. 10여 년 전에는 다음과 같은 목표량이 정해져 있었다고 한다.

[월간 기준 업무 예시]
→ 예금 신규 유치 20건
→ 대출 신규 10간, 관리 30건
→ 펀드 판매 5건
→ 신용카드 신규 발급 15건
→ 외환 거래 10건 이상
→ 지점 예산 집행 내용 정리 및 보고 1회
→ 고객 상담 및 민원 처리 30건

그러나 최근엔 인터넷뱅킹과 모바일뱅킹의 활성화로 업무량이 급격히 줄었다. 각 직원의 주요 업무에 따라서 상이할 수는 있으나 10여 년 전의 목표량의 30~40% 정도만 달성하면 된다고 한다.

가뜩이나 먹고 살기가 팍팍한데 대출 한도와 금리 편의를 봐주는 조건으로 보험이나 펀드, 주가연계증권(ELS) 등 다른 금융상품을 끼워 판다니, 은행과 조폭의 공통점이 너무 많지 않은가?

주로 제1금융권 은행에서 빈번하게 발생하는 이러한 꺾기는 2025년에도 계속되고 있다. 정부는 가계 대출 옥죄기 기조를 유지하고 있고, 정치적 불확실성과 경기 둔화 속에서 은행들이 보수적인 태도를 견지하고 있기 때문이다. 이러한 경제 상황과 시중은행의 과점 체제에서 금융 소비자는 을이 될 수밖에 없다.

이제는 금융의 질적 성장을 위해 정책도 바뀌어야 한다. 은행에만 특혜를 주는 금융 산업 구조조정도 더는 안 된다. 인터넷 은행을 더욱 활성화하고, 은행업에 새로운 경쟁자를 진입시키고 증권·보험·카드 등 비은행권의 지급 결제 업무를 확대함으로써 금융 기득권을 깨는 방향으로 정책 개선이 이루어져야 한다. 그래야만 게임의 규칙이 공정해지고 소비자, 고객의 만족도도 높아질 수 있을 것이다.

4% 예금, 실제로는 이익이 마이너스?

나는 20년 전부터 책과 칼럼을 통해서 "부자가 되려면 은행을 떠나라"라고 말해 왔다. 그런데도 많은 사람이 은행 말고는 다른 금융기관에 눈길조차 주지 않았는데, 2020년 3월 코로나로 1,400선까지 무너졌던 코스피가 2021년 6월 3,300선까지 날아오르자 개인 투자자들이 대거 주식투자에 뛰어들었다.

상승장이라 어떤 주식을 사도 재미를 보았던 '개미'들은 이후 기나긴 하락장을 온몸으로 겪고 있다. '존버'하며 버티는 이들도 있지만, 많은 투자자가 견디지 못하고 손절 후 이탈해 버렸다. 개중에는 주식의 '주'자만 나와도 고개를 가로젓는 이들도 적지 않다. 그러면서 다시 돈이 은행으로 쏠리는 현상이 일어났다.

해바라기처럼 '주님만 바라보며 살자'라는 뜻에서 기독교 신자들은 '주바라기'라는 말을 사용하는데, 내가 보기에 우리 사회는 아직도 '은행바라기'인 사람들이 너무 많은 것 같다. 주식 하면 패가망신한다는 말이 여전히 공공연히 회자되고, 예적금 외의 다양한 투자 상품에는 관심조차 주지 않는다. 그러나 이와 같은 자세로는 결코 재테크에 성공할 수 없다.

이제 은행바라기에서 과감하게 탈출해야 한다. 우리가 착각하고 있는 게 많지만 그중 하나를 지적하자면, 어설픈 부자 흉내는 이제 그만둬야 한다. 유대인의 지혜서인 《탈무드》엔 이런 얘기가 있다.

"가난해도 부자의 줄에 서라."

상당히 의미심장하게 들리지만, 이 말도 해석하기 나름이다. 대부분 이 말은 재테크에 치명적인 독으로 작용할 가능성이 크다. 실제로 이웃집 황새(부자)를 흉내 내다 가랑이만 찢어지는 뱁새(서민)를 우리는 주변에서 자주 볼 수 있다. 다름 아닌 소비 때문이다. 그리고 또 한 가지 사례가 바로 은행바라기다.

부자들은 은행을 절대적으로 선호하는 경향이 있다. 왜 그런지 아는가? 부자들의 관심은 돈을 굴리는 것보다 지키는 데 더 쏠려 있기 때문이다. 그들은 절세나 상속 등 서민과는 다른 차원의 고민을 한다. 즉 몇 퍼센트의 이자를 따지는 것은 그들에게 별 의미가 없다는 얘기다. 그러니 좀 더 안전해 보이는 은행만 이용하는 것이다.

그리고 은행은 고급 마감재로 완성된 응접실을 마련하고 벤츠와 같은 고급 차로 에스코트하는 서비스를 부자 고객들에게 기꺼이 제공한다. 똑똑한 젊은 PB들이 말동무해 주고 요즘 유행하는 트렌드도 전해 준다. 게다가 유망한 아파트나 돈이 될 만한 땅도 찍어 주니 이 얼마나 매력적인가?

부자가 아닌 우리 서민들은 어떤가? 그야말로 찬밥 신세다. 따라서 돈 없는 서민들이 해야 할 일은 너무나 분명하다. 안전하면서도 좀 더 높은 수익률의 금융 상품을 찾기 위해 부지런히 정보를 얻어야 한다. 제2금융권과 코인에 관심을 둘 수밖에 없는 이유다.

2024년 청약을 마친 전환사채(CB)와 신주인수권부사채(BW)에 얼마나 청약했는가? 전환사채가 뭐냐고 묻는다면 곤란하다. 만약 이 책을 읽고 있는 당신이 신주인수권부사채라는 단어를 처음 접하고 있다면 반성해야 한다. 이제부터는 은행바라기를 그만둬라. 그 길만이 우리 서민이 부자 되는 지름길이다.

이제 재테크 분야에서도 발품보다는 손품이 더 중요한 시대가 되었다. 인터넷을 통한 정보 검색이 더 유용하다는 의미다. 손품을 들여 정보를 입수하고 나면 시장 상황을 더 자세히 알 수 있고, 좀 더 현명한 재테크 방법을 찾을 수 있다.

유용한 정보를 얻을 수 있는 곳이 많지만, 그중에서도 통계청 사이트(kostat.go.kr)가 눈에 띈다. 이 사이트는 우리가 실생활에서 유용하게 사용할 수 있는 많은 아이디어를 제공하고 또한 근거를 찾을 수 있는 정보도 공개한다.

통계청 사이트를 보면 "요즘 물가가 정말 장난이 아니다"라는 말이 절로 나온다. 자고 일어나면 어느새 저만큼 올라 있다. 여기서 주로 언급되는 물가는 '소비자물가'다. 소비자물가는 2022년 5.1%, 2023년 3.6% 2년 연속으로 큰 폭으로 올랐으나, 근로자 소득은 2.8% 오르는 데 그쳐, 근로소득과 소비자물가의 상승률 격차는 금융위기 이후 최대 폭을 기록했다. "월급만 빼고 다 올랐다"라는 말이 수사가 아니라 현실이었던 것이다.

그런데 소비자물가에 대한 발표를 접할 때마다 왠지 현실과 동떨어진다는 느낌을 받은 적이 있었을 것이다. 우리가 장을 보면서 체감하는 물가는 저만큼 높은 곳에 있는데 정부가 발표하는 소비자물가는 그야말로 '장난' 수준이니 말이다. 실제로 작년에 얼마나 물가가 치솟았는가. 그런데도 2024년 소비자물가 상승률이 2.3%이다 보니 나온 것이 '생활물가'다.

생활물가는 우리가 주로 사는 144개 품목의 생활필수품 가격을 가지고 산출한 물가이므로 우리가 느끼는 장바구니 물가에 더 가깝다. 최근 생활물가가 어느 정도 올랐는지 잠시 짚고 넘어가자.

생활물가 상승률은 2012년 이후부터 안정적으로 유지되고 있다가 2022년 6.0%까지 상승했고, 2024년에는 전년보다 2.7% 상승했다. 소비자물가 상승률 2.3%보다 0.4% 높은 수치다.

그런데 2024년은 이러한 생활물가 또한 우리가 체감하는 물가를 따라오지 못했다. 여름철 폭염, 폭우 등으로 인해 작황 부진이 이어지며 과일 가격이 크게 뛰는 등 먹거리 물가가 치솟았다. 귤은 46.2%, 사과는 30.2%, 배는 71.9% 가격이 상승했다. 신선 과실 가격이 17.1%나 올라 장을 보러 가면 과일 사기가 겁이 날 정도였다.

2024년 6월 18일 한국은행이 발표한 '우리나라 물가 수준의 특징 및 시사점' 보고서에 따르면 2021년부터 2024년 5월까지 누적 소비자물가 상승률은 14%에 달한다고 한다. 그리고 생활물가의 상승률은 16%를 웃돈다. 2025년은 이상 기후에 고환율, 고유가까지 더해져 물가가 더 오르리라 전망된다.

이쯤에서 재테크 이야기를 이어 가도록 하겠다. 우리는 흔히 실질금리란 용어를 많이 사용한다. 이는 피셔의 법칙에서 나오는 말이다. 피셔는 '실질금리=명목금리−물가상승률'이라는 지극히 당연한 주장을 폈다. 명목금리는 우리가 흔히 말하는 세후 금리라고 봐야 한다.

그럼 피셔의 법칙에 요즘의 금리를 대입해 보도록 하자. 편의상

4%의 세전 금리를 가정해 본다. 그렇게 되면 세후 금리는 3.34%가 된다(세금 우대나 비과세는 여기서 논외로 하자). 여기다가 소비자물가를 대입하면 2022년은 -1.76%라는 마이너스 금리가 나타난다. 생활물가를 대입하면 -2.66%라는 무시 못 할 마이너스 금리가 나온다.

눈치가 빠른 독자라면 이미 짐작했을 것이다. 그렇다. 안전을 따지면서 은행 금리에 만족하고 있는 사이, 사실상 우리는 상당한 손실을 보고 있다는 것이 냉정한 현실이다. 가령 1억 원의 예금을 맡겼을 때 발생하는 334만 원의 이자에 무턱대고 좋아할 일이 아니다. 실제로는 266만 원 정도를 손해 보고 있다는 숨겨진 현실을 깨달아야 한다.

100% 확실한 마이너스 금리를 고집할 것인가. 아니면 최소한 돈은 까먹지 않는 상호저축은행의 예적금이라도 가입할 것인가. 이도 저도 아니면 실질금리 플러스를 추구하는 펀드나 채권 등의 금융상품에 관심을 가질 것인가. 이쯤에서 당신의 입장을 분명히 정해야 한다. 그렇지 않으면 부자가 되는 길은 더욱 멀고 힘들어질 뿐이다.

피셔의 하락장 법칙

피셔 방정식은 실질 금리가 명목 금리에서 물가 상승률을 뺀 값이다. 즉, **'실질 금리 = 명목 금리 − 물가 상승률'**이라는 관계가 성립한다.

명목 금리는 돈을 빌려주는 사람이 요구하는 이자율로, 물가 상승을 고려하지 않은 이자율이고 실질 금리는 물가 상승을 고려하여 실제 구매력에 반영되는 이자율이다. 물가 상승률은 경제에서 물가가 얼마나 상승했는지 나타내는 비율이다. 만약 명목 금리가 5%이고 물가 상승률이 2%라면, 실질 금리는 3%가 된다. 실질 금리는 실제 투자 수익률을 나타내는 지표로, 투자자는 물가 상승을 고려하여 실질적인 이익을 얻을 수 있는지 판단할 수 있다.

피셔의 하락장 법칙은 다음과 같다.

2% 법칙: 하락장은 생각보다 천천히 온다
하락장이 시작될 때 많은 투자자는 시장이 급격하게 곤두박질칠 것이라고 예상한다. 하지만 피셔의 2% 법칙에 따르면, 하락장은 매달 약 2%씩 완만하게 하락하는 경향을 보인다. 따라서 투자자들은 두려움 때문에 섣불리 행동하지 않아도 된다.

3분의 1, 3분의 2 법칙: 하락의 강도는 후반에 집중된다

3분의 1, 3분의 2 법칙은 하락장의 기간과 하락 폭의 관계를 설명한다. 이 법칙에 따르면 하락장 초반 3분의 2 기간에는 전체 하락 폭의 3분의 1 정도만 나타난다. 나머지 3분의 1 기간 동안 전체 하락 폭의 3분의 2가 집중적으로 발생한다. 하락장 초기보다 후반부에 좀 더 주의를 기울이고 신중해야 한다.

18개월 법칙: 장기 하락장은 드물다

피셔는 18개월 법칙을 통해 하락장이 지나치게 길어질 가능성은 작다고 강조한다. 하락장이 길어질 것이라는 막연한 두려움 때문에 망설이다 재투자 타이밍을 놓치는 것을 경계해야 한다.

3개월 법칙: 성급한 예측보다 기다림이 필요하다

시장이 최고점을 찍은 후 하락세가 나타나더라도 최소 3개월 동안 포트폴리오를 서둘러 변경하지 말고 지켜봐야 한다. 3개월의 시간은 시장 상황을 명확하게 파악하고 투자 실수를 줄이는 데 도움이 된다.

72법칙, 당신의 선택은?

1626년 네덜란드 서인도 회사의 총독인 피터 미누이트(Peter Minuit)는 맨해튼 섬에 살고 있던 인디언 부족의 족장과 세기의 계약을 맺었다. 바로 1,700만 평이 넘는 맨해튼 섬을 조가비 구슬, 장식용 유리구슬, 옷감, 주전자, 단검 등 60길더 상당의 물품을 주고 사들인 것이다. 네덜란드 돈 60길더는 단돈 24달러 정도에 해당하는 돈이라, 그야말로 '껌값'이었다. 누가 보더라도 인디언 추장이 바보짓을 했구나 싶을 것이다.

그러나 금융공학자들은 이와는 다른 의견을 제시한다. 추장이 받은 24달러를 복리로 운용했다면 지금쯤 수백조 달러에 달할 것이라는 게 그들의 주장이다. 과거 약 400년의 기간 동안 미국의 평균 이자율은 약 8% 정도였다고 한다. 2025년까지 400년이 흘렀

400년간 원금 24달러 연 복리 8% 계산

연도	투자 기간	미국 달러
1626년	1년	약 25.92
1725년	100년	약 5,279
1825년	200년	약 1,161,343
1925년	300년	약 255,466,796
2025년	400년	약 5,619,704,000,000

으니, $24(1+0.08)^{400}$ 하면 원금 24달러는 562조 달러로 불어났을 것이라는 계산이 나온다. 연 복리 6%로만 계산해도 318조 달러가 나온다. 현재의 맨해튼을 여러 개 사고도 남는 돈이다. 이론적으로만 따지면 우리의 상식을 뒤집는 결과가 나오는 것이다. 물론 현실적으로는 불가능하겠지만 말이다.

재테크를 할 때 꼭 알아두면 좋은 토막 상식들이 있다. 그 가운데 쉬우면서도 큰 도움이 될 만한 법칙이 바로 '72법칙'이 아닐까 싶다. 우리가 어디든 돈을 맡길 때 '이 돈이 언제쯤 두 배가 될까' 하는 궁금증이 생기곤 한다. 바로 이 부분에 대한 해답이 '72법칙' 안에 있다. 즉 우리의 돈을 두 배로 만드는 수익률과 가입 연수의 곱이 72라는 것이다.

72 = 수익률 × 가입 연수

예를 들어 보자. 연 12%로 돈을 굴린다면 그 액수가 두 배가 되는 가입 연수는 6년이다. 그렇다면 연 4%로 굴렸을 때 두 배가 되는 가입 연수는 얼마일까? 72법칙에 따르면 18년이라는 시간이 필요하다. 그런데 꼭 짚고 넘어가야 할 점은 여기서 말하는 수익률이 다름 아닌 세후 수익률이라는 것이다. 최근 은행 금리를 고려하면 세후 3%가 버겁다. 이 수익률로 운용하면 아마도 24년 정도 지나야 원금의 두 배가 될 것이다.

지금 여러분이 결혼을 앞두고 있다면 자녀가 대학생이 될 때쯤에야 원금의 두 배가 나온다는 끔찍한 상상을 해야 할 것이다. 그런데 누누이 강조해 온 물가는 어찌할 것인가. 생활물가 등을 감안한 실질 물가 상승률은 대략 5% 정도는 되리라 생각한다.

앞으로도 이 정도의 물가 상승률을 예상한다면 10년 뒤의 1억 원의 가치는 얼마쯤 될까? 현재 가치로 3분의 2 수준인 6,700만 원 정도 될 것이다. 20년 뒤의 1억 원은 그보다 훨씬 적은 5,000만 원 선에 머무를 것이다.

이제 은행에만 의존해서는 마음 편하게 재테크하기는 틀렸다. 따라서 지금부터는 제2금융권을 적극적으로 활용해야 하고 복리 효과를 누릴 수 있는 상품에 집중적으로 가입해야 한다.

그런데 아쉽게도 복리 혜택이 있는 상품은 거의 없다. 현재 가입할 수 있는 상품 가운데 눈에 띄는 것은 복리식 정기예금이 대표적이다. 또 찾아보자면 물가가 반영됨으로써 결국 복리 효과를 부분적으로 누릴 수 있는 주식과 부동산, 그리고 간접투자상품 등이 있다.

복리로 운용할 때는 72법칙을, 단리로 운용할 때는 72법칙이 아닌 100법칙(100=수익률×가입연수)을 적용해야 한다. 예컨대 단리 5%로 운용하면 원금의 두 배가 되는 투자 기간은 무려 20년(100/5)이 된다. 복리로 운용할 때 걸리는 14.4년(72/5)에 비해 무려 5년 6개월이 더 걸린다. 당신은 어떤 금융 상품을 선택하겠는가?

ELS의 진실 : 서민들의 쌈짓돈으로 부자들의 손실을 메꿔 준 상품

2024년 홍콩H지수(항생중국기업지수)가 5,700 이하로 곤두박질치면서 홍콩H지수 주가연계증권(ELS) 상품에서 대규모 손실이 발생했다. 이로 인한 은행권의 손실 확정 계좌는 17만 건에 달했고, 원금 10조 4,000억 원 중 손실액이 4조 6,000원이나 발생했다. 90대 치매 노인과 중증 장애인에게도 판매하는 등 은행권의 불완전 판매 정황이 드러났고, 금융 분쟁이 잇따랐다.

그런데 ELS 사태와 관련해 그 누구도 알려 주지 않은 서글픈 진실이 있다. 나와 증권사에서 같이 근무했던 한 선배는 한때 엄청나게 잘나가던 증권맨이었다. 그는 ELS의 기초 옵션들을 중개해 주는 일을 했는데, 승승장구해 글로벌 최우수 사원으로 선정되기도 했다. 약간 과장을 보태서 그가 없으면 ELS 시장이 돌아가지 않을 정도였다.

그런 선배가 내게 ELS의 진실을 알려 주었다. ELS는 증권사의 주력 상품으로, 한때는 증권사만 팔 수 있었다. 이는 그만큼 리스크가 큰 금융상품이라는 뜻이다. 당시에는 은행과 보험회사도 비슷한 상품을 팔았다. 구조도 ELS와 비슷했다. 그러다가 은행도 ELS를 팔기 시작했고, 막강한 영업력에 힘입어 매월 조 단위의 판매를 기록하기도 했다. 물론 상당수의 ELS는 원금 손실이 발생하지 않았고, 꽤 많은 ELS가 목표 수익률을 달성했다.

앞서 말했듯 홍콩H지수가 급락하면서 ELS의 문제가 불거졌다. 그전에도 문제가 되는 ELS가 없었던 것은 아니다. 하지만 대부분 주 판매 창구가 증권사였고, 판매 금액도 은행들과는 현격한 차이가 있었다. 가까운 지인의 경우는 거의 -90%가 넘는 손실을 보기도 했다.

증권사에서 주로 팔았던 ELS는 투스타ELS라고 불리는 것으로, 삼성전자, 현대자동차, SK텔레콤, 한국전력 등 대형 우량주 가운데 두 종목의 주가에 연동하는 형식의 상품이다. 대부분 아는 종목이고 모두가 인정하는 우량주들이지만 업황의 악화 또는 개별 기업 고유의 문제로 인해 주가가 폭락하는 경우가 생길 수 있다.

반면 은행이 주로 팔았던 ELS는 개별 종목도 있었지만, 코스피지수, 홍콩H지수 등 상대적으로 더 안전한 지수형이 많았다. 아무래도 증권사 고객과 은행 고객 사이에는 확연한 차이가 존재한다. 리스크를 대하는 태도 자체가 다르므로 은행에서는 더 안전해 보이는 상품이 아니면 팔기가 어렵다. 아무튼 문제의 지수형 ELS가 은행에서 많이 팔렸고, 개중에는 겉으로는 안전해 보이지만 속으로는 꽤 위험한 상품들이 있었다.

문제는 지금부터다. 손실이 났거나 손실이 날 것이 확실해지면 은행의 고객들은 손실을 보전해 달라고 한다. 하지만 이건 '떼쓰기'다. 예금이라면 당연히 손실을 보전해 주어야겠지만 투자형 상품의 원금을 보장해 달라는 것은 어불성설이다. 하지만 지금까지 정부가 여러 번 원금을 보장해 준 선례가 있었기에, 고객들은 또 떼를 쓴다. 판매 은행의 본사 앞에서 피켓을 들고 시위하고, 기자들은 관련 기사를 쓰고, 결국 은행은 손실을 어느 정도 보전해 주기로 한다.

여기서 한 가지 짚고 넘어가야 할 것이 있다. 은행의 ELS 투자 고객은 어떤 사람들일까? ELS에 투자한 사람이 서민일 가능성은 극히 낮다. 대부분 부자 또는 중산층이다. 은행이 이들의 손실을 보전해 준다는 것은 서민의 쌈짓돈이 포함된 돈으로 부자들의 빈 지갑을 채워 주는 것이나 다름없다. 결국 서민은 자기도 모르게 자신의 몫을 빼앗기는 것이고, 부자들은 더 부자가 되는 것이다. 이것이 아무도 말해 주지 않는 ELS 사태의 슬픈 진실이다.

서브프라임 모기지 사태를 겪으며 해외에서는 파생화된 고위험 상품을 개인에게 판매하는 데 더욱 엄격해졌다. 우리가 아는 대부분의 선진국 금융시장에서 개인을 상대로 한 ELS 상품이 퇴출당했다. 하지만 우리나라는 시간이 갈수록 파생증권 상품이 더 많이 팔리고 있다. 앞서 살펴보았듯 문제가 생기면 서민들의 쌈짓돈으로 다시 부자들의 주머니를 메꾼다. 그 책임은 과연 누가 져야 하는 것일까.

은행은 고객에게 예적금, 보험, 펀드 등을 묶어 팔며 수수료 장사를 한다. 예금 금리가 높아 보이더라도 실질 수익은 인플레이션과 세금으로 마이너스가 되는 경우가 많다. '72의 법칙'처럼 단리와 복리의 차이를 이해하지 못하는 사람은 평생 은행의 먹잇감이 될 수 있다. 고객에게는 안전한 투자처럼 포장되지만, 은행은 고객을 부자로 만들 생각이 없다.

3장
은행의 교묘한 속임수

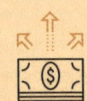

얼마나 많은 돈을 버는지가 아니라,
얼마나 많은 돈을 지키고 그것이 얼마나 열심히
당신을 위해 일하는지가 중요하다.

로버트 기요사키

이래도 계속 고양이에게 생선 가게를 맡길 것인가

은행과 거래하는 고객들이 은행에 기대하는 것은 무엇일까? '안전한 자산 보호'다. 은행과 증권사가 똑같은 투자 상품을 판매하더라도, 은행과 거래하는 사람들은 왠지 은행과 거래하면 더 안전할 것 같다는 기대를 한다. 하지만 잊을 만하면 한 번씩 터지는 은행 직원의 횡령, 고객 자금 유용, 투자 상품의 거액 손실 발생은 사실 이러한 기대들과 정반대되는 것이다.

전 KB은행 직원 A씨는 지난 2012년 허위 상품을 고객에게 권유해 수표를 받고, 이를 개인용도로 임의 사용했다. A씨가 횡령한 금액은 10억 2,000만 원이었다. 해당 금융사고는 7년 뒤인 2019년 금융감독원에 보고됐다.

전 우리은행 직원 B씨는 2023년 선물 투자금으로 사용할 목적으로 다수의 기업 고객 명의로 여신 서류를 대필했다. 위조된 서류로 대출금을 부당 취급한 후 제3자 명의 타행계좌로 이체하는 방법을 사용해 총 105억 2,000만 원을 편취했다. 그의 범행은 1년 뒤인 2024년 금감원에 보고됐다.

은행에서 발생하는 금융사고가 날이 갈수록 더 대범해지고 있다. 편취하는 수법은 과거와 비슷하지만, 그 금액은 훨씬 커지고 있다. 2024년 10월 10일 강민국 국민의힘 의원실이 금융감독원에서 받은 〈국내 금융권 발생 현황〉 자료에 따르면 2018년부터 2024년 8월까지 은행권에서 발생한 금융사고는 총 264건, 발생 금액은 4,097억 500만 원이라고 한다.

같은 기간 금융권 전체에서 발생한 금융사고 발생 금액(6,616억 7,300만 원)의 61%에 달하는 수치다. 특히 은행 중에는 우리은행이 1,421억 1,300만 원(34.7%/30건)으로 금융사고 규모가 압도적으로 가장 컸다. 국민은행(683억 2,000만 원/36건), 경남은행(601억 5,800만 원/6건) 등이 그 뒤를 이었다.

여기서 주목해야 할 것은 연도별 추이다. 금융사고 건수는 매년 비슷한데, 그 금액이 눈에 띄게 늘고 있다. 은행권 금융사고 건수는 2018년 49건, 2019년 39건, 2020년 39건, 2021년 33건, 2022년

33건, 2023년 33건이고 2024년은 8월까지 총 38건이 보고됐다. 매년 30~40건 정도 발생해 온 것이다.

사고 건수는 비슷하지만 사고 금액은 해마다 늘고 있다. 2018년 626억 4,300만 원, 2019년 103억 7,300만 원, 2020년 88억 2,700만 원, 2021년 316억 8,000만 원, 2022년 1,129억 1,000만 원, 2023년 696억 600만 원을 기록했다. 그런데 2024년은 8개월간의 통계인데도 사고 금액이 1,137억 원에 달했다.

범죄 유형은 '횡령'이 압도적인 비중을 차지하고 있었다. 천준호 더불어민주당 의원이 금융감독원으로부터 제출받은 자료에 따르면, 2019년부터 2024년 8월까지 5대 은행(국민·신한·하나·우리·농협)에서 발생한 금융사고 135건 중 횡령이 72건을 차지했다. 그다음이 사기(34건), 업무상 배임(16건), 도난·피탈(8건), 유용(4건) 순으로 나타났다.

은행 직원이 직접 고객의 대출금과 예금에 손을 댄 사고는 27건이다. 국민은행에서는 가장 많은 8건의 사고가 발생했고, 우리은행과 신한은행에서도 각각 6건의 사고가 발생했다. 하나은행은 4건, 농협은행은 3건이 발생했다.

여기서 드는 의문은 왜 은행은 이러한 금융사고가 발생하기 전에 예방하는 조치를 취하거나 내부적으로 통제할 수 있는 장치를 마련하지 않는 것일까? 은행에서도 여러 장치를 마련하고 있지만,

"고객의 도장 등을 가진 은행원이 작심하고 돈을 빼돌리면 막을 길이 없다"라는 것이 은행 관계자의 설명이다. 더욱이 두 명 이상이 조직적으로 자행하는 횡령·배임은 더욱 발견하기가 어렵다.

금융사고 발생은 은행의 관리 소홀이 1차적 원인이겠지만 근본적 원인은 은행 간 수익성 경쟁 심화에 있다. 시중은행은 시중은행끼리 지방은행은 지방은행끼리 서로 누가 더 이익을 내는지로 경영 능력을 평가받다 보니, 당장 티가 나지 않는 내부 직원 관리나 리스크 관리에는 상대적으로 소홀할 수밖에 없는 것이다.

게다가 과거와 달리 은행이 다루는 업무가 다양하고 복잡해졌다. 예전에는 대출과 예금 업무만 하면 되었지만 투자 상품, 방카슈랑스, PF(프로젝트 파이낸싱) 등 업무 영역이 확대되었다. 하지만 이를 관리하고 감독하는 인력과 자원은 상대적으로 줄어들다 보니 직원들이 횡령이나 배임 위험에 노출될 가능성은 더 커졌다.

현재 은행들마다 금융사고 예방을 위한 내부통제 개선안을 내놓고 있지만 은행원 개개인의 도덕적 해이를 막기는 어렵다는 지적이 나온다. 은행에 우리가 기대한 것은 수익성보다는 안전성이었는데, 이제는 안전성마저도 기대할 수 없는 것이다. 그렇다면 대체 우리가 은행을 이용해야 할 이유가 어디에 있는지 되물을 수밖에 없다.

이자로
돈 잔치하는 은행

2025년은 탄핵 정국이 계속되는 가운데 제주항공 참사까지 터지며 급격한 소비 심리 위축 속에 시작되었다. "더는 못 버티겠다"라는 자영업자들의 곡소리가 들려오는 가운데, 평균 연봉 1억 원대인 은행 노조들이 잇따라 임금 인상을 요구하며 파업에 나선다는 소식이 전해졌다.

KB국민은행 노조는 2025년 1월 15일 전체 조합원을 대상으로 총파업 투표를 진행했고, 95.6%가 찬성하며 총파업을 예고했다. 국민은행 노조의 요구는 1인당 2,000만 원가량의 성과급과 특별 격려금을 달라는 것이었다. 국민은행 직원 수가 약 1만 5,000명이므로, 총성과급을 계산하면 2,000~3,000억 원에 달하는 액수다.

그런데 은행연합회에 따르면 2023년 기준 국민은행 직원의 1인당 평균 연봉은 1억 1,821만 원이다. 신한·하나·우리·농협 등 5대 은행 가운데서도 연봉이 가장 높다. 그뿐 아니라 2025년 상급 노조인 금융노조가 2.8% 임금 인상에 합의했기 때문에 이미 250만 원가량의 연봉 인상이 예정된 상태였다. 그런데도 성과급을 요구하며 파업을 결의한 것이다.

하루 벌어 하루 먹고 살기도 급급한 서민들 입장에서는 "정말 해도 해도 너무한다"라는 생각이 들 수밖에 없다. 이러한 상황인데도 은행 직원들이 추가 성과급을 요구하며 파업을 강행하는 배경은 무엇일까? 그 배경에는 역대급 실적이 있다. 금융감독원에 따르면 2024년 1~3분기 5대 은행의 누적 순익은 약 11조 7,883억 원으로 전년보다 4% 증가했다. 국민은행도 같은 기간 2조 6,179억 원의 순이익을 냈다.

문제는 이 성과가 은행들의 혁신적 아이디어와 시장 개척의 결과물이 아니라는 데 있다. 앞서 설명했듯 시중은행들은 국내 과점 시장에서 대출과 예금 금리 차이를 이용한 '이자 장사'에만 몰두한다는 비판을 받아 왔다. 실제로 2024년 3분기 기준 국내 은행들의 비이자 이익이 전체 매출에서 차지하는 비중은 13.6%에 불과했다. 미국의 4대 상업은행의 전체 수익에서 비이자 이익이 차지하는 비중이 30~35%인 것을 고려하면 매우 저조한 수치다.

2024년 한국은행은 기준 금리를 여러 차례 인하했지만, 금융 소비자들이 체감하는 대출 금리는 전혀 떨어지지 않았다. 그 이유는 무엇일까? 통상적으로 대출 금리는 은행채 금리와 코픽스(COFIX) 등 시장·조달금리를 반영한 '지표(기준)금리'에 은행들이 신용위험, 운영비 등을 반영한 '가산금리'를 더한 뒤 일종의 할인금리인 '우대 금리'를 빼서 산정된다.

기준 금리의 인하에도 그간 은행들은 각 사별 재량으로 책정할 수 있는 가산금리를 올리거나 우대 금리를 낮추는 방식으로 대출 금리를 유지 또는 인상해 왔다. 그 덕에 아무리 기준 금리가 떨어져도 금융 소비자들이 체감하는 대출 금리는 떨어지지 않았던 것이다.

게다가 부동산 시장 안정과 가계 부채 관리를 명목으로 정부가 기준 금리 하락기에도 대출 규모 축소를 유도하면서, 은행들은 자체적으로 조정할 수 있는 가산 금리를 높이는 방식으로 대출을 줄여 왔다. 그 결과 대출 금리는 높아졌고, 기준 금리 인하 폭만큼 예적금 금리는 낮아지면서 예대금리 차는 더욱 커졌다. 그 과정에서 은행은 가만히 앉아서 떼돈을 번 것이다.

그 결과 2025년 1월 전체 예금은행의 예대금리차는 1.46%로 2023년 6월 이후 최대치를 기록했다. 늘어난 수익으로 인해 평균 임금이 높던 은행에서는 희망 퇴직금이 1인당 평균 4~5억 원에 달하는 '돈 잔치'가 벌어지고 있다.

그리고 그 피해는 고스란히 서민들에게 돌아가고 있다. 신용평가기관 나이스(NICE) 평가정보의 〈개인사업자 대출 현황〉(2025년 1월 29일 발표)에 따르면 고금리와 소비 부진 여파로 금융기관으로부터 진 빚을 갚지 못하는 자영업자가 1년 사이 40% 넘게 급증했다고 한다. 또한 '개인사업자 대출 현황' 자료에 따르면, 2024년 3분기 말 현재 336만 9,000명의 개인사업자(자영업자)가 모두 1,123조 8,000억 원의 금융기관 대출(가계 대출+사업자 대출)을 안고 있었다. 같은 통계의 시계열 상 자영업자 대출 규모가 1,120조 원을 넘어선 것은 역대 최대 기록이다.

서민과 자영업자들은 고물가, 고금리로 고통받고 있는데 그들의 대출 이자로 은행들만 호황을 누린다면 사회 양극화를 부추기는 짓이라고 비판받아도 은행들은 할 말이 없을 것이다. 그래서 전문가들은 예대금리 차가 시장 상황에 맞게 움직이도록 시스템을 정비하고, 은행들의 사회 환원을 늘리도록 제도를 개선해야 한다고 말한다. 당장 은행들은 고통받는 서민들을 위한 금융상품과 서비스 개발에 적극적으로 나서야 할 것이다.

고객이 없는 기업은 존재할 수 없다. 그것은 은행도 마찬가지다. 지금과 같은 고금리 터널이 계속 이어진다면 살아남을 수 있는 소상공인, 자영업자가 과연 얼마나 될까? 이들이 버티지 못하고 결국 백기를 든다면 국민이야 죽든 말든 성과급 잔치를 벌인 은행들은 살아남을 수 있을까? 실제로 소상공인과 자영업자의 부채가 금융 부실의 뇌관으로 작용할 수 있다고 경고하는 목소리가 적지 않다.

단언하건대 이제는 소비자들이 은행을 떠나야 한다. 우리가 낮은 이자 수익에 만족하며 높은 대출 이자를 내는 사이, 그 수익금은 그들의 배를 불리는 데 이용되고 있다. 독과점적 지위를 이용해 폭리를 취하는 은행의 변화를 이끌어 낼 길은 소비자들이 적극적으로 은행을 보이콧하는 길밖에는 없다.

금리 인상과 수수료 수익에 눈이 먼 은행

M. 허시 골드버그가 쓴《거짓말에 관한 진실(The Book of Lies)》은 세계사의 주요 장면에 등장하는 거짓과 사기를 다루고 있다. 아메리카 대륙을 처음 발견했던 콜럼버스는 두 개의 측정기를 갖고 있었기 때문에 성공적인 항해를 할 수 있었다고 한다. 하나의 측정기는 실제로 항해한 거리보다 짧게 기록되고 나머지 하나는 제대로 기록되는 것이었다.

항해 말기까지 콜럼버스는 선원들에게 전자를 보여 줌으로써 희망을 심어 주고 긴 항해로 인한 두려움을 이기게 했다. 하지만 선원들의 인내력이 한계에 다다라 선상 반란의 조짐마저 일자 후자의 측정기를 보여 주며 이제 거의 다 왔으니 사흘만 더 가 보자고 설득했다. 그리고 콜럼버스 일행은 이틀 후 신대륙을 발견했다.

한편 제2차 세계대전 당시 나치가 자행한 600만 명의 유대인 학살 이면에는 철저한 사기극이 자리 잡고 있었다. 유대인들에게 새로운 일자리가 있는 곳으로 데려간다고 속여 아우슈비츠로 향하는 기차에 그들을 태웠던 것이다. 그리고 인류 역사상 가장 잔인한 만행이 서슴없이 진행되었다.

희대의 사기꾼을 꼽을 때 빼놓을 수 없는 것이 바이킹이다. 그들은 거짓말하는 법을 확실히 알고 있었다. 세계 지도 위에 뚜렷하게 흔적을 남긴 바이킹의 두 가지 거짓말이 있다.

세계에서 가장 큰 섬인 그린란드(Greenland)는 북극권의 동토로서 지구상에서 가장 추운 곳 중 하나다. 10세기 말 이 섬을 처음 발견한 바이킹족은 이곳에 사람을 끌어들이고 싶었다. 그래서 다른 사람들이 푸른 수목이 무성하다고 믿게 하려고 이 섬을 그린란드라고 불렀다. 사실 푸른 것으로 따지자면 해안 지역에만, 그것도 짧은 여름 동안만 잠시 푸른 이끼가 끼는 정도인데 말이다. 실제로 그린란드 대부분은 북극권 위쪽에 자리해 두꺼운 빙하가 거의 모든 땅덩어리를 덮고 있다.

얼마 후, 바이킹족은 또 다른 섬을 발견했다. 그들은 새로 발견한 섬을 소유하고 싶었는지 자신들이 생각해 낼 수 있는 가장 가치 없는 이름으로 그 섬을 불렀다. 즉 다른 사람들이 이곳을 매우 추운 땅으로 인식하도록 아이슬란드(Iceland)라고 지었던 것이다.

그러나 아이슬란드는 얼음으로만 된 땅이 결코 아니다. 오히려 북극권에 속하면서도 푸른 숲이 있고 아름다운 꽃이 핀 산이 존재하며, 백사장과 흑사장을 모두 갖춘 해변, 여기저기서 터져 나오는 온천수를 자랑하는 그야말로 지상 천국이다.

물론 아이슬란드는 그 이름처럼 빙하도 있고 눈도 내린다. 그러나 단 두 계절뿐이다. 바이킹들의 바람대로 아이슬란드라는 이름은 충분히 그 값어치를 했다. 그 이름만으로 1,000년이 넘는 세월 동안 많은 사람을 기만했기 때문이다. 바이킹들은 매우 훌륭한 탐험가이지 사기꾼들이었다.

이처럼 거짓말은 인류의 역사와 늘 함께해 왔다. 그런데 우리는 이보다 더 심한 거짓말쟁이들을 매일 접하고 있다. 다름 아닌 은행이다. 은행은 각종 수수료나 금리를 인상하면서 추악한 거짓말을 일삼고 있다. 원가분석을 해 보니 여전히 손해가 크기 때문에 각종 수수료를 인상하거나 신설해야 한다고 주장한다. 그러나 자료를 살펴보면 그들의 주장에 근거가 없음을 알 수 있다.

글로벌 은행보다 국내 은행의 수수료 이익 비중이 낮다?

은행들은 글로벌 은행들의 수수료 이익 비중이 40%에 가깝지만 국내는 10.55%(2023년 기준)에 불과해 해외보다 훨씬 낮다고 말한다. 그런 만큼 국내 은행도 수수료를 높여서 비이자 이익 비중을

2024년 10월 은행연합회 비교공시 자료

늘려야 한다는 논리다.

하지만 그 이면을 살펴보면 질적인 차이가 존재한다. 글로벌 은행들이 벌어들이는 수수료는 인수합병(M&A) 중개, 기업상장(IPO), 채권 발행 등 고부가가치 금융사업을 통해 벌어들인 수수료가 대부분이다. 반면 국내 은행들은 계좌 이체 수수료, 현금 인출 수수료 등 서민들의 '푼돈'을 뜯어낸 수수료가 큰 비중을 차지하고 있다. 물론 은행들은 이러한 사실을 철저히 숨기고 있다.

기준 금리가 인상되어 어쩔 수 없이 금리를 올렸다?

모든 장사는 원가+알파(α)다. 대출 금리는 원가에 마진(은행 이익)을 더해 정해진다. 원가가 4%라면 대출 금리는 4.5%(은행 수익은 0.5%p)가 되는 식이다. 그런데 문제는 어떻게 이 금리가 정해지는 것인지, 그 원가가 얼마인지 아무도 모른다는 것이다.

은행연합회 비교공시에 따르면 KB국민·신한·하나·우리·NH농협은행 등 5대 은행이 2024년 10월 신규 취급한 신용대출의 가산 금리는 은행마다 평균 연 3.09~4.39%로 나타났다. 여기에 기준 금리를 더하고 가감조정 금리(우대 금리)를 뺀 최종 대출 금리는 평균 연 4.97~5.63%다. 대출 금리 평균이 가장 높은 은행과 가장 낮은 은행의 금리 차는 0.66%p 수준이지만 가산 금리의 상하단 차이는 1.3% 포인트로 금리 차가 두 배다.

하지만 신용대출을 받는 소비자는 정작 자신이 받은 대출 금리가 어떻게 정해진 것인지 알지 못한다. 원가 공개는 시장 원리에 맞지 않는다는 논리를 앞세워 은행들이 금리 산정 기준을 밝히지 않기 때문이다. 기준 금리가 올라서 어쩔 수 없이 대출 금리를 올렸다 말하지만, 이는 새빨간 거짓말이다. 기준 금리보다 가산 금리 때문인 경우가 많기 때문이다. 심지어 기준 금리가 내려도 가산 금리를 올리거나 우대 금리를 내려 대출 금리를 유지한다.

최근 정치권에서는 이러한 가산 금리의 세부 산정 내용을 공개하라고 은행권에 압박을 가하고 있다. 물론 앞서 언급한 것처럼 시장 논리에는 맞지 않기 때문에 나는 원가 공개를 반대한다.

그러나 과점 체제와 내수 시장이라는 안전한 울타리 안에서 지금처럼 서민들의 고통은 아랑곳하지 않고 이자 장사로 성과급 잔치를 이어 간다면, 고무줄 가산금리에 대한 불만은 더 커질 수밖에 없고, 원가 공개에 대한 압박 또한 더욱 거세질 것이다. 이제는 은행이 달라져야 할 때다.

14 집값 과열에 불쏘시개 역할을 한 은행

1992년 미국 대통령 선거 때 당시 빌 클린턴 민주당 후보가 승기를 굳히게 된 것은 이 선거 운동 슬로건 덕분이었다. "It's the economy, stupid!(문제는 경제야, 바보야!)" 나는 지금 우리나라가 겪고 있는 많은 문제의 원인이 다름 아닌 '은행'이라고 생각한다. 그래서 나는 "It's the bank, stupid!(문제는 은행이야, 바보야!)"라고 말하고 싶다.

한국 사회가 안고 있는 문제는 한둘이 아니다. 그중 가장 심각하게 대두되고 있는 것이 저출산 문제다. 그리고 저출산의 주요한 원인 중 하나가 바로 너무 비싼 집값이다.

실제로 2024년 1월 3일 국토연구원이 발표한 〈저출산 원인 진단과 부동산 정책 방향〉 보고서에 따르면 집값이 첫 자녀 출산을 결정하는 데 가장 큰 영향을 미친다고 한다. 집값이 낮아지면 결혼 비용에 대한 부담이 적어지니 결혼을 더 많이 할 것이고, 결혼하면 아이를 낳을 확률이 더 높아질 수밖에 없지 않겠는가.

그렇다면 집값이 왜 이리 비싼 것일까. 흔히들 우리나라 사람들의 뿌리 깊은 부동산 사랑 때문이라고 생각한다. 그런데 한번 생각해 보라. 땅을 좋아하고 집을 좋아하는 건 세계 공통이다. 동서고금의 역사를 통틀어 봐도 마찬가지다.

주변 사람들을 만나 이야기하다 보면 집값이 늘 올랐다고 생각하는 경우가 의외로 많다. 특히 강남 아파트의 가격은 우상향이라고 믿는(?) 사람들이 대부분이다. 과연 그런가? 절대 아니다. 최근 12~13년 동안 강남 집값이 급등하는 것만 봐 온 2030세대들에게는 '강남 불패'가 더욱 강렬하게 뇌리에 남아 있다. 하지만 강남 집값은 몇 번의 폭락과 횡보가 있었다.

집값이 오르는 데 여러 가지 이유가 있겠지만, 가장 근본적인 요인은 물가 상승이다. 인플레이션이 지속되는데 집값만 안 오를 수 있겠는가. 하지만 내가 생각하는 지난 10여 년간의 놀라운 집값 상승의 진짜 원인은 '전세 대출'이다.

전세 대출, 이건 진짜 말도 안 되는 대출이다. 전세 제도 자체도 우리나라에만 있다. 그런데 그 전세금마저 은행이 대출해 준다고? 은행으로서는 주택도시보증공사(HUG)가 보증해 주는데 굳이 대출해 주지 않을 이유가 없다. 전세 대출은 2008년 리먼 브라더스 사태 이후 폭락한 부동산 경기를 부양하고자 하는 목적에서 생긴 측면도 강하다. 만약 이 대출이 없었다면, 서울 집값은 꽤 많이 하락했을 것이고 그 기간도 길었을 것이다.

이러한 전세 대출 제도에 힘입어 집값은 안정되었지만, 전세금에 대한 원금 보장(?)으로 인해서 매매가와 전세가의 차이를 이용해 적은 돈으로 집을 사는 갭투자는 더욱 활성화되었다. 이렇듯 갭투자 수요가 늘며 거래량은 증가했고 아파트값 상승세는 더욱 가속화되었다.

결국 은행은 지금의 집값 상승세에 불쏘시개 역할을 담당한 셈이다. 그리고 은행은 어떤 위험도 감수하지 않은 채 엄청난 대출 수익을 거두게 된다. 전세 대출을 해 주고, 집값이 올라가면, 전세 대출금은 더욱 늘어나고, 은행은 더 많은 대출 이자를 취하게 된 것이다.

은행으로서야 여러 핑계를 댈 수 있겠지만, 부정할 수 없는 사실은 은행이 지금의 부동산 문제의 핵심 당사자라는 것이다. 원래 은행은 가계 대출보다는 기업 대출에 주력했었다. 이는 1970년~80년대의 정부 주도하에 이루어진 경제 개발과 궤를 같이한다. 조상제한서(조흥, 상업, 제일, 한일, 서울)로 대변되는 5대 시중은행들의 대출에 힘입어 삼성, 현대, LG 그룹 등의 대기업들이 세계적인 기업 반열에 올라설 수 있었다.

지금 은행들은 공공기관이 보증해 주는 무위험 대출인 가계 대출에 집중하고 있다. 은행으로서는 지극히 당연한 결정일지 모른다. 안정적인 수익을 위해서는 매일 염려가 큰 기업 대출은 꺼리는 게 옳은 결정일 수 있다. 하지만 이러한 투자 축소는 대한민국의 미래 먹거리를 일궈 낼 신산업들을 육성하는 데 걸림돌이 될 수밖에 없다. 결국 지금의 저성장, 저출산에서 은행의 책임과 비중은 적지 않다.

지금 은행은 '땅 짚고 헤엄치기'를 하고 있다. 사상 최악의 불황에도 은행은 사상 최대의 이익을 냈다. 이렇다 할 혁신 없이 손쉬운 영업을 한다. 그리고 막대한 이익을 바탕으로 자기네끼리 성과급 잔치를 벌인다. 이게 과연 옳은 일인가?

IMF 시절, 조상제한서 5대 시중은행은 모두 망했다. 그 은행들은 지금의 4대 시중은행(국민, 신한, 하나, 우리)에 인수 합병되었다. 결국 국민의 세금으로 살려 줬던 거다. 4대 은행들은 당시 중소 규모의 국책은행 또는 신생 은행들이었다.

결국 은행들은 어려울 땐 금융기관이라는 논리를 편다. 공무원처럼 군다. 그래서 정부의 도움을 받는다. 지금 은행들은 떼돈을 벌고, 매년 대박 행진을 하자 자신들은 금융기관이 아니라 금융회사라고 주장한다. 주식회사란다. 성과급을 나누겠단다. 불리하면 금융기관, 유리하면 금융회사. 이게 말이 되는가?

결국 현재 대한민국의 위기 상황은 은행발 위기일 수도 있다. 이런 가정을 하고 싶지는 않지만, 집값이 하락하고 일본처럼 장기 불황이 온다면? (지금으로선 그럴 가능성이 매우 커 보인다.) 은행들은 위기를 맞을 것이다. IMF 구제금융 때처럼은 아니겠지만, 정부에게 손을 내밀어야 하는 상황이 생길 것이다. 너무나 이기적인 은행의 행태가 아닌가.

은행은 공과금, 동전 교환 등 기본적인 금융 서비스를 줄이며 비용 부담을 고객에게 떠넘긴다. 수수료를 올리면서도 안전성을 내세우는 이중적 전략을 펼치고, 외부에 드러나지 않는 금융사고나 내부 횡령 사건도 반복된다. 은행은 결코 '나의 돈을 지켜 주는 곳'이 아니며, 이제는 이들로부터 거리두기가 필요하다.

은행을 떠나려면 '안전한 금융소비자'가 아닌 '현명한 투자자'가 되어야 한다. 이제는 은행의 룰이 아닌, 우리의 룰로 돈을 굴릴 때다. 예적금 위주로 자산을 배분하면 인플레이션 시대에 자산 가치를 지키기 힘들다. 따라서 위험을 감수하더라도 수익을 추구하는 전략이 필요하다.

은행의 얌체 같은 행위에 대해서는 앞장에서 충분히 서술하였다. 은행이 어려울 때 국민 세금인 공적자금으로 피해를 만회하고도 정작 국민이 어려울 땐 '이자 장사'와 '성과급 잔치'에만 몰두하는 은행을 고발하는 것, 그 자체만으로 큰 의미가 있다고 생각한다. 은행에 대한 인식 전환이 필요하기 때문이다.

또한 은행에 대한 인식을 바꾸는 것을 넘어, 은행의 예금과 적금 위주의 재테크 방식의 문제에 대해서도 말하고 싶었다. 원금 보장이 되는 예적금에 돈을 넣고서 재테크라고 말하는 것은 말이 안 된다고 생각한다. 재테크는 약간의 위험 부담을 안으면서 은행 이자 이상을 추구하는 것이라고 정의하기 때문이다. 굳이 말하자면, 저위험 중수익을 추구하는 것이 바람직하다고 생각한다.

나와 같이 비교적 위험 테이크(위험 감수) 형인 투자자라면 고위험 고수익이 맞겠지만, 이 책을 읽고 있는 독자들 대부분 무리일 것으로 생각한다. 그간 내가 해 온 재테크를 돌이켜 보면, 나는 늘 고위험 고수익을 추구했고, 대체로 성공했다.

나는 늘 대다수가 가는 재테크 방향과는 다른 길을 가야 한다고 생각했다. 남들이 미처 알아보지 못한 틈새 투자를 추구했던 것이다. 가장 대표적인 것이 전환사채 등의 주식형 사채에 투자했던 것이다. 실제로 그 이야기를 2006년에 《부자가 되려면, 채권에 미쳐라》라는 책으로 엮어 낸 바 있다.

문제 아닌 문제는 그 책이 너무 많이 팔렸다는 것이다. 출판사는 마니아층이나 채권 관련 업종 종사자 일부만 살 거로 생각했는데, 놀랍게도 그 책은 5만 부 이상 팔렸다. 이는 인세 수입을 기대했던 나에게는 큰 수확이었지만, 역설적으로 5만 명 이상의 투자 경쟁자가 생기는 부작용을 낳았다. 아무튼 투자의 니치 마켓(Niche market)을 공략하는 것은 나의 트레이드 마크가 되었고, 이후로도 이런 시도는 계속되었으며 나름의 성과를 거두고 있다.

두 번째 파트에서는 재테크 방향에 대한 내 생각을 간략하게나마 소개하고자 한다. 여기에서 소개하는 투자 방식과 내 생각에 동의한다면 지금까지 자신이 견지해 왔던 재테크 관점과 방법에 관해 한번 점검해 보기 바란다. 내가 들려주는 이야기들 가운데 앞으로 각자도생해야 하는 데 필요한 노하우들을 쏙쏙 뽑아내어 자신의 것으로 만드는 시간이 되었으면 하는 바람이다.

1장
안전성보다는 수익성을 택하라

투자에서 가장 위험한 네 가지 단어는
"이번에는 다르다"이다.

존 템플턴 경

01 이제는 예적금 비중을 줄여야 할 때

사람들이 가장 두려워하는 금융 위험은 무엇일까? 아무래도 투자 손실일 것이다. 대표적인 것이 주식투자로 인한 손실이다. 주식 붐은 정기적으로 일어난다. 투자자들은 그때의 분위기에 휩쓸려 주식투자에 뛰어든다. 이때 여유 자금을 가지고 안정적으로 투자하는 정석 투자자도 많지만, 대개는 큰 수익을 내겠다는 욕심이 앞서 무리한 투자에 뛰어들곤 한다.

1970~80년대에는 많은 사람이 집을 팔고 논밭을 팔아서까지 투자 자금을 마련했다. 그 결과 남은 건 반의반 토막이 난 계좌였다. 알토란 같은 돈을 잃은 것을 물론이요, 아늑한 보금자리와 생계의 터전이 되었던 논과 밭이 내 손에서 빠져나갔다.

이러한 손해를 겪어 본 이들은 다시는 투자하지 않겠다고 굳게

다짐한다. 그러다 나중에 다시 불나방처럼 위험한 투자처로 뛰어드는 이들도 적지 않다. 반면 선천적으로 위험 회피형 투자자인 이들도 적지 않다. 이들은 투자하지 않으면 최소한 손실은 없지 않느냐고 강변한다.

계좌에 찍힌 손실 금액, 그러니까 '실현된' 손해 금액만이 전부라고 생각할 수도 있다. 하지만 이는 명목 금액일 뿐이다. 앞서 설명했듯 물가 인상이라는 인플레이션을 고려한 실질 수익률을 간과해서는 안 된다.

가령 3% 은행 예금에 가입했다고 하자. 원금이 1,000만 원이라면 1년 예금 이자는 3%에 해당하는 30만 원이 된다. 물론 15.4%의 세금은 빼야 한다. 종합소득세를 내는 사람은 더 큰 세금을 물게 될 것이다.

원금 1,000만 원과 세후 25만 3,800원의 이자를 얻었으니 나쁘지 않은 금융 성과라고 만족할 수도 있다. 게다가 지난 수년간 국내 주식시장의 손실률을 생각하면 더 그런 생각이 들 것이다. 하지만 3% 물가가 상승했다면, 실질 수익률은 마이너스라고 봐야 한다.

거시경제 전문가로 손꼽히며 30년 넘게 이코노미스트, 펀드매니저, 리서치센터장 등으로 일해 온 김한진 박사는 다소 재미있는 이론을 편다. 그가 한 말을 그대로 옮겨 본다.

인플레이션은 우리의 현금성 자산을 녹이고 부채의 크기는 줄인다. 특히 장기적이고 기간이 길수록 그렇다. 인플레이션이 복리로 우리의 보유 현금을 앗아가기 때문이다. 통상 현대의 중앙은행들은 인플레이션 목표치를 2%로 설정한다. 하지만 0%가 아니라 2%의 물가 상승 목표를 용인한다는 것은 통화량을 실물경제가 필요로 하는 양보다 초과해서 공급한다는 말과 같다. 따라서 실제로 2% 물가 목표를 지속해서 추구하다 보면 물가는 2%에서 통제되지 않을 것이다. 가령 3%나 그 이상으로 말이다.

중앙은행은 금융 위기나 심각한 경기 침체기에 다시 통화를 크게 공급하고 비정형적 경기 부양책(채권 매입 = 양적 완화)도 병행한다. 그렇게 풀린 초과 유동성(통화)은 경기 확장기에 모두 회수되지 않는 경향이 있다. 또한 경기 호조기에는 통화 유통 속도가 빨라져 본원통화보다 훨씬 많은 실질 유동성이 시중에 유통된다. 한 번의 경기 사이클이 완성될 때마다 통화량은 더 많이 퇴적되고 경기 침체기 때 위험 요인이 클수록 더 많은 통화가 풀림으로써, 인플레이션의 땔감이 공급된다.

김한진 박사는 증시는 되도록 장기간 낙관적으로 보는 게 유리하다고 한다. 1920년 이후 S&P500의 장기 추이를 살펴보면 연평균 7% 상승률을 보였다. 이만한 성과를 낸 다른 투자가 없다. 그리고

S&P 500 주가지수, 4~7%, CAGR PATHS(기준 기간 1921년 1월 가격 = 7.11)

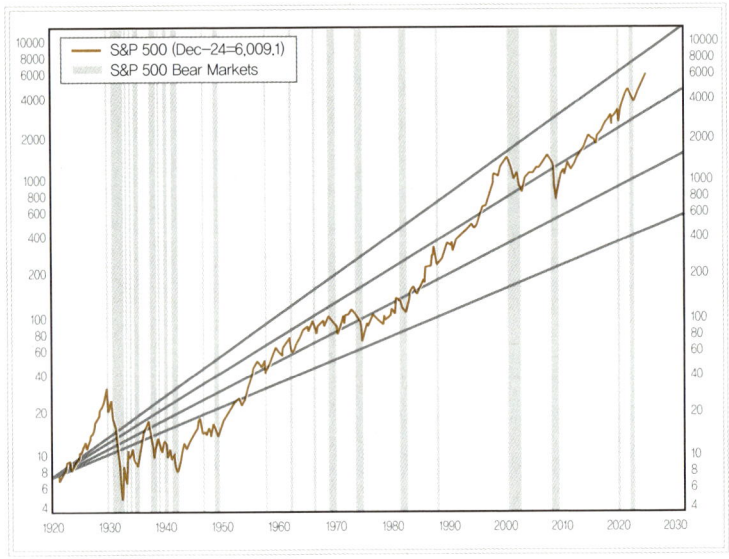

S&P 500 배당금 및 주당 배당금(분기별)

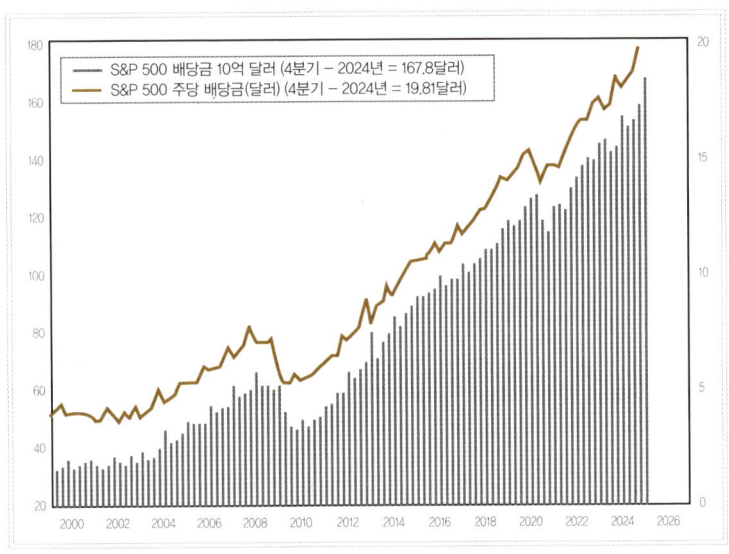

기업이익과 배당은 늘 지속해서 상승해 왔다는 것도 강조한다.

물론 직접 투자보다는 간접 투자를 권한다. 간접 투자도 인덱스펀드가 유리하다고 강조한다. 액티브펀드의 평균 성과가 낮다는 점과 고비용이라는 점을 지적한다. 그러면서 인덱스펀드와 거의 같은 ETF는 낮은 매매를 하게 되는 단점이 있어서 추천하지 않는다. 20% 손실을 감내할 수 없다면 주식(펀드) 투자를 하면 안 된다고 조언한다.

신동준 숭실대 금융경제학 겸임교수(전 KB증권 본부장)는 구조적인 인플레이션 압력 강화 추세라고 지적했다. 트럼프의 관세 전쟁이 없었더라도 점증하는 인플레이션 압력이 높았다는 것이다. 고령화와 인구구조 변화의 역풍, 각국의 폭증하는 국채 발행 등의 이유로 금리가 올라가고 이에 따라 인플레이션은 강화될 것이라고 예상했다.

나 또한 큰 인플레이션의 위험 등의 이유로 확실한 손해인 예적금은 축소 또는 지양하기를 권한다. 주식(펀드) 투자의 비중을 늘리고, 금, 은, 비트코인 등의 비중도 늘리기를 강조하고 싶다. 물론 전체 자산의 10~20% 범위에서 말이다.

《부자 아빠 가난한 아빠》의 저자인 로버트 기요사키는 잊을 만하면 뉴스에 등장한다. 아니, 수많은 경제 기자들이 그의 말을 비중 있게 전한다. 책의 유명세에 비해, 그의 실제 투자 성과는 뛰어나지 않다는 지적도 있지만 확인할 수 없는 부분이므로 여기서는 평가하지 않겠다.

그의 최근 주장 가운데 눈에 띄는 부분은 10년 후에 비트코인은 100만 달러, 금은 3만 달러, 은은 3,000달러가 될 것이라는 대목이다. 비트코인 가격은 얼마 전 10만 달러를 넘었다가 큰 조정을 거치고 있다.

2024년 하반기 비트코인의 시세는 9만 달러 안팎이었다. 대략 10배, 11배 정도 오를 여력이 있다는 것이 로버트 기요사키의 주장이었다. 금의 경우는 온스당 3,000달러를 넘어섰으니 여전히 10배 더 오를 수 있다는 주장이다. 물론 근거는 알 수 없다. 어차피 비트코인과 금은 실질 가치가 매우 적거나 없을 수 있는 자산이다.

기요사키처럼 구체적인 숫자를 제시할 만한 실력은 나에게 없다. 하지만 어느 정도는 공감이 가는 주장이다. 금은 안전자산으로 분류된다. 아직은 큰 위험자산으로 인식되는 비트코인이지만 언젠가 비트코인이 금처럼 안전자산이 되지 말란 법은 없다. 적어도 준안전자산이 될 수는 있을 것이다.

정리하자면, 안전한 예적금 비중을 대폭 축소해야 하고 주식(펀드), 금, 비트코인의 비중을 늘려야 한다. 구체적인 비율은 각자의 위험 성향 등을 고려해서 정하면 된다. 그리고 포트폴리오를 잘 구성하고 정기적으로 자산 비중을 조정해야 한다.

투자 멘토를 찾으려는 노력도 필요하다. 하지만 책이나 경제지, 유튜브에 나오는 내용이나 멘토의 조언은 모두 참고 사항일 뿐이라는 것을 기억하자. 결국 본인이 공부해야 한다. 그리고 책임져야 한다. 이것은 엄연한 현실이다. 각자도생해야 하는 엄중한 시기다. 믿을 건 자기 자신이고 실력임을 잊지 말자.

예적금 비중을 낮추고 새로운 자산으로 옮겨 가라

나는 지난 20여 년간 재테크 책을 10여 권 냈다. 책마다 주제가 다르기는 해도 공통으로 지적해 온 대목이 하나 있다. 먼저, 우리 사회의 부동산 선호 현상이 지나치다는 것이다. 물론 지난 과거의 통계를 살펴보았을 때 투자자들이 부동산을 선호할 만했다는 것은 인정한다.

게다가 전세 만기에 맞춰 2년마다 이사를 하는 것이 얼마나 고역인가. 이사를 하는 과정에서 느끼는 피로감은 무척 크다. 육체적인 부담도 있지만, 그보다 더 큰 것은 전셋값이 꾸준히 오르는 통에 그 차액을 마련하느라 고생이 이만저만이 아니다. 그러다 보니 내 집 마련은 필수라고 여기게 되었다.

자기가 살 집을 마련하면 거기에서 그쳐야 하는데, 욕심이 생긴다. 전세라는 제도를 활용한다. 전세를 떠안고 집을 산다. 이른바 갭투자를 하는 것이다. 부동산 우상향 추세라면 이는 무척 매력적인 투자다. IMF 이후, 그리고 리먼 브라더스 사태 이후의 몇 년 동안은 부동산, 아니 서울 아파트 가격이 하락했다. 기억하는 것보다 하락 기간이 꽤 길었고 낙폭도 만만치 않았다. 오죽했으면 무리하게 대출을 받아 집을 샀지만, 집값이 떨어져 생활고에 시달리는 사람을 가리키는 '하우스푸어'라는 용어가 생겼겠는가. 당시 한 투자자는 자기 평생에 가장 후회하는 선택이 강남 아파트와 분당 아파트를 대출을 끼고 산 것이라고 말했다. 정말이다.

이러한 분위기로 인해 우리 가계 자산에 심각한 불균형이 생겼다. 주요국 가계자산 구성 도표에서 나타나듯이 우리 나라의 경우 전체 자산의 3분의 2가 부동산이다. 대부분은 아파트 등 주택이다. 드러난 통계는 우리가 피부로 느끼는 것보다 훨씬 적게 잡힌 듯하다. 특히 서울의 경우는 가계 자산의 5분의 4 이상이 부동산에 쏠려 있을 것이기 때문이다. 대출까지 끼고 사는 걸 고려하면 가계 자산의 대부분이 부동산이라고 해도 과장이 아닐 것이다.

또 다른 문제점은 금융자산의 편중이다. 상당수의 가계는 은행(제2금융권 포함)의 예금과 적금 위주로 여유 자금을 모으고, 운용한다. 이건 오래된 금융 관행이다. 20년 넘게 "부자가 되려면 은행을 떠나라"라고 부르짖고 예적금의 비중을 낮추고, 펀드, 주식, 채

주요국 가계자산 구성

(2021년 기준. 단위: %)

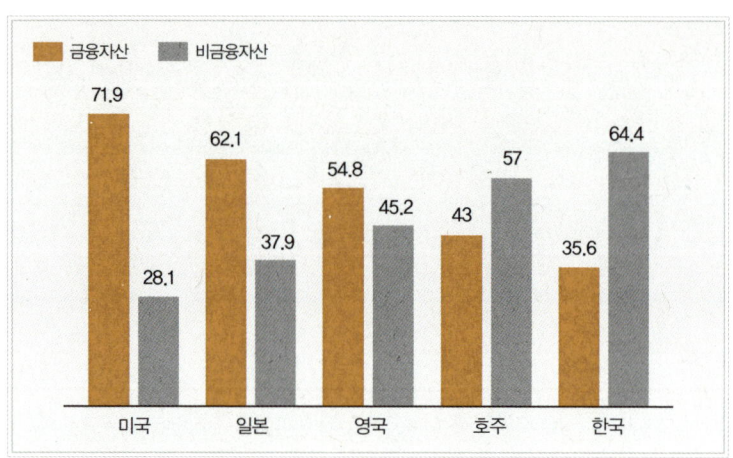

출처: 금융투자협회

주요국 가계부채 비율 현황

(단위: %)

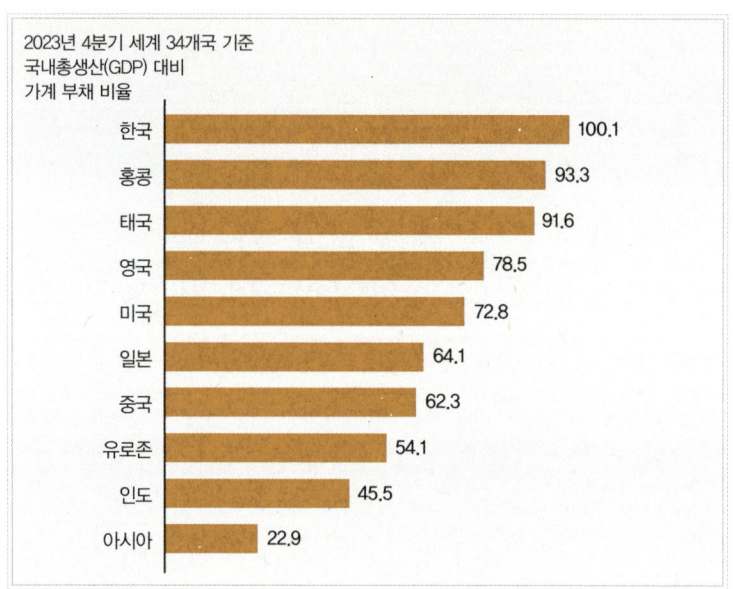

출처: 국제금융협회

권 등으로 다변화해야 한다고 주장해 왔지만 크게 변하지 않았다.

반면 투자 환경은 많이 달라졌다. 10여 년 전부터 가상화폐라는 새로운 자산 시장이 열렸다. 물론 나는 가상화폐 가운데 비트코인을 포함하여 극소수만 관심을 가지라고 조언해 왔다. 소위 말하는 알트코인(잡코인)은 극도로 조심해야 한다. 지금 거래되는 알트코인의 99%는 결국 가치가 0에 수렴할 가능성이 대단히 크기 때문이다.

주요 증권사들은 해외 주식투자 기회를 제공하고 있다. 놀라운 변화다. 예전에는 애플이나 마이크로소프트 등의 미국 주식을 직접 사기가 어려웠다. 하지만 증권사들은 경쟁적으로 해외 주식투자가 가능한 시스템을 갖추었다. HTS(홈트레이딩시스템)를 통해서 삼성전자 등 국내 주식을 사는 것처럼 해외 주식을 사고팔 수 있다.

소위 금융의 얼리어답터들은 해외 주식, 더 정확하게는 미국 주식시장에 뛰어들었다. 국내 주식시장을 '국장'이라 하고 미국 주식시장을 '미장'이라고 한다. '국장 탈출은 지능 순'이라는 우스갯소리까지 나왔다. 꽤 오랫동안 국장의 수익률이 저조했던 데 반해 미장의 수익률이 높았다. 그리고 미장 못지않게 앞서 말한 가상화폐(코인) 시장으로 돈이 몰렸다.

2024년 말 기준으로 국내 투자자가 미장에 투자한 돈이 1,200억 달러에 육박한다. 국장의 시가총액이 2,000조 원 수준인 것을 감안하면 엄청난 규모다. 그리고 코인 시장의 거래 대금이 국장의 거래 대금을 넘어서기도 했다. 이는 엄청난 변화가 아닐 수 없다.

  대다수 가계에서는 여전히 은행, 예적금에 대한 선호도와 편중이 심한 듯하다. 물론 모르는 분야에 뛰어드는 것은 쉽지 않은 일이다. 두려움도 앞설 것이다. 하지만 오랜 편견과 선입견을 조금씩 깨뜨려 나가야 한다고 생각한다. 조금씩 예적금 비중을 낮춰 가면서 다른 금융상품 또는 새로운 자산으로 옮겨 가는 게 좋다. 최소한 분산투자의 관점에서 일부라도 다른 자산 시장에 편입하려는 노력이 필요하다.

당신의 순자산은 얼마인가

당신은 가난한가? 아니면 부자인가? 가난하다면 얼마나 가난하고, 부자라면 얼마나 부자인가? 누구나 자신이 얼마나 벌고 있는지, 자산 수준이 어디쯤 해당하는지 생각해 본 적 있을 것이다. 이것은 굉장히 중요한 주제다.

결론부터 말하자면, 우리의 눈높이는 지나치게 높다. 그만큼 자신을 과소평가하고, 가난하며 불행하다고 착각한다. 다른 사람이 인스타그램에 올리는 사진이나 카카오톡의 프로필 사진을 보면 우리는 우울해진다. 저 사람은 왜 이리 잘 먹고 잘 사는 걸까? 맛있고 비싼 음식만 먹고, 화려한 최고급 호텔을 내 집 드나들 듯 다니는 것 같다. 집은 왜 그리 잘 꾸미고 사는지. 절로 자신이 초라해진다. 사실 여러분도 그렇겠지만, 다들 보여 주고 싶은 가장 좋은 것만 올린다. 1년에 한 번 갈까 말까 한 고급 식당과 해외 여행지에 가면 사진을 찍어 올리는 게 인지상정 아니던가.

그래서 정확한 평균을 아는 것이 중요하다. 재테크와 노후 대비의 출발선을 제대로 잡을 수 있기 때문이다. 〈우리나라 한 가구의 평균 순자산〉이라는 아래의 자료를 한번 살펴보자. 아마 상당수는 안도할 것이고, 희망을 품지 않을까 하는 것이 나의 기대다.

가장 먼저 우리나라 한 가구의 평균 순자산은 4억 5,000만 원 정도에 불과한 것을 알 수 있다. 2024년 자료이니 가장 최신 자료라 할 만하다. 순자산은 빚을 뺀 수치다. 한 가구당 평균 5억 4,000만 원의 자산을 보유하고 있고, 9,000만 원 정도의 부채를 지고 있다. '생각보다는 적은데?' 하는 생각이 들 것이다.

물론 여기에도 평균의 함정은 있다. 재벌이나 고액 자산가들의 엄청난 재산으로 인해 평균의 왜곡이 일어나기 때문이다. 10조 원

우리나라 한 가구의 평균 순자산

순자산 보유액 구간별 가구 분포 (단위: %, %p)

순자산 (억 원)	가구분포 2023년	가구분포 2024년	전년 차(비)
-1 미만	0.2	0.2	0.0
-1~0 미만	2.7	2.8	0.1
0~1 미만	26.7	26.2	-0.5
1~2 미만	15.5	15.5	0.0
2~3 미만	12.4	12.2	-0.2
3~4 미만	8.8	9.1	0.2
4~5 미만	6.5	6.6	0.1
5~6 미만	5.0	4.9	-0.1
6~7 미만	3.8	3.6	-0.2
7~8 미만	3.2	3.1	-0.1
8~9 미만	2.6	2.7	0.1
9~10 미만	2.4	2.3	-0.2
10 이상	10.3	10.9	0.6
중앙값 (만 원)	23,910	24,000	0.4
평균/중앙값	1.821	1.871	0.050

대의 자산가도 있고, 1,000억 원 대의 부자들도 의외로 많다. 이들이 평균을 크게 끌어올리게 되므로, 평균보다는 중앙값, 즉 중위 순자산이 더 정확한 수치일 수 있다. 순자산 순으로 전체 가구를 한 줄로 세웠을 때 가운데에 해당하는 수치다. 우리나라의 가구당 평균 중위 순자산은 평균 순자산보다 무려 2억 원이나 적다. 2억 4,000만 원이 중앙값이다.

생각해 봐야 할 것이 연령대별 순자산이다. 자신과 같은 연배인 사람들은 자산이 얼마나 될지 궁금할 것이다. '내 친구는, 내 선후

가구주 연령대별 순자산 보유액　　　　　　　　　　　　(단위: 만 원, %)

		전체	39세 이하	40~49세	50~59세	60세 이상
평균	2023년	43,540	23,678	43,590	49,737	48,630
	2024년	44,894	22,158	45,064	51,131	51,922
	증감	1,354	-1,520	1,473	1,394	3,292
	증감률	3.1	-6.4	3.4	2.8	6.8

배들은 얼마나 잘살까?' 이런 생각이 절로 들지 않던가. 가구주 연령대별 순자산 보유액 도표에서 보듯이 나이가 들수록 순자산은 급증한다. 2030 청년들이 이 표를 보고 좌절하지 말고 기운을 내면 좋겠다.

그리고 생각보다 숫자가 그렇게 크지 않다고 느낄 것이다. 대부분의 나라에서 50대 이상의 자산이 많다. 2024년 기준 가구주 연령대별 순자산 보유액은 30대가 2억 2,000만 원, 40대가 4억 5,000만 원, 그리고 50대가 5억 1,000만 원이다.

재산도 궁금하지만, 그것 못지않게 소득도 궁금할 것이다. 가구소득 구간별 가구 분포 도표에서 보듯 가구별 연평균 소득은 7,200만 원 정도다. 그보다 더 중요한 가구별 중위소득은 5,700만 원 수준이다. 맞벌이가 많은 점을 감안하면 1인당 소득은 적게는 절반, 많아도 3분의 2 수준이라고 보면 맞을 것이다.

서울역에 도착하면 '저렇게 많은 빌딩은 도대체 누가 가진 걸까?' 하는 생각이 든다. 북한산 봉우리에 올라 아래를 내려다보면,

가구 소득 구간별 가구 분포

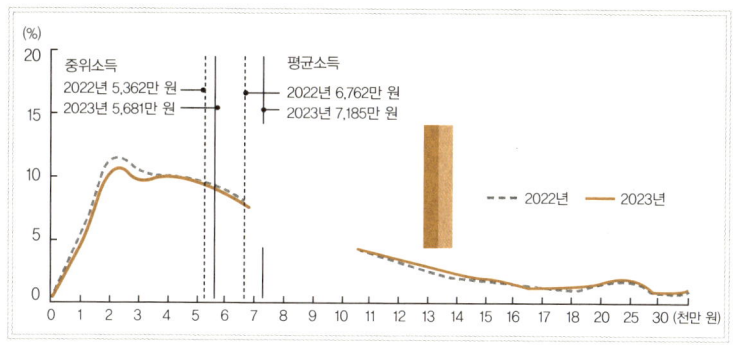

수많은 빌딩과 아파트들이 눈에 들어온다. 나 또한 30대 시절에 그걸 보면서 '왜 나는 가진 게 없을까?', '언젠가 나도 가질 수 있을까?' 하는 생각을 해 본 적이 있다.

결론적으로 말하면 당신은 생각보다 많은 자산을 갖고 있고, 많은 소득을 올리고 있다. 그러니 눈높이만 제대로 잡으면 재테크 목표를 정상화할 수 있을 것이다. 평균에 조금 못 미치더라도 조금만 더 수익률을 올리면 더 쉽게 평균에 다다를 수 있을 것이다. 허황된 목표를 품고 한 방을 노리는 그런 어리석은 투자를 해선 안 된다.

현실적인 수익률을 설정하고, 1% 초과 수익률을 안정적으로 올린다면 어떨까? 그러기 위해서는 일단 은행의 예적금 위주의 재테크부터 벗어나야 한다. 나는 이것이 재테크의 첫걸음이자, 현실적인 노후 대비의 출발이라고 생각한다.

예적금 위주의 자산 배분은 인플레이션 시대에 자산 가치를 지키지 못한다. 대신 위험을 감수하더라도 수익을 추구하는 전략이 필요하다. 투자 포트폴리오를 구성하고 자산을 주기적으로 점검하며 조정해야 한다. 이제는 '안전한 금융소비자'가 아닌 '현명한 투자자'가 되어야 한다.

2장

은행에 맞서는 투자 전략

다른 사람의 투자 방식을 그대로 복제한 것이 아니라면
어떤 투자 철학도 하루 아침에 완성될 수 없다.
자신이 저지른 실수로부터 배워 나가는
매우 고통스러운 방법이 가장 좋은 투자 방법이다.

필립 피셔

분산투자의 수단, 비트코인

요즘 비트코인을 모르는 사람은 없을 것이다. 아무리 세상 물정에 어두워도 비트코인에 대해 모르기는 어렵다. 최근 통계에 따르면 가상화폐 계좌 수가 1,000만 개를 넘었다고 한다. 정말로 놀라운 숫자다. 나는 5년 전 처음 가상화폐 계좌를 만들었는데, 얼마나 짜증이 났는지 모른다. 대략 30분 정도 클릭하고, 누르고, 그리고 찍었다. 중간중간 수많은 관문이 있었고, 높고 험했다. 그런데 이 과정을 모두 통과해 신규 계좌를 만든 사람이 1,000만 명이 넘었다는 말 아닌가.

내가 비트코인에 눈을 뜨게 된 것은 친구 덕분이었다. 지금은 대세가 되어 버린 '오 작가', 오태민 교수가 바로 그 친구다. 그는 1세대 비트코이너다. 2014년 비트코인을 처음 접한 후 그 가치를 깨

닫고 이후 10년이 넘는 세월 동안 수많은 저서와 강연을 통해 대중들에게 비트코인의 의미를 전달하고 있다.

검색창에 비트코인을 치면 연관 검색어로 '오 작가'가 나올 정도로 대단한 셀럽이 되었지만, 10여 년 전에는 전혀 그렇지 못했다. 내가 그를 자주 보기 시작했던 6년 전에도 크게 다르지 않았다. 당시 우리에게는 공동의 적이 있었기에, 동병상련을 크게 느끼게 되었다. 오 작가는 세 번에 걸쳐 나에게 비트코인을 사라고 했다.

처음에는 비트코인에 관해 아무런 지식이 없어서 사지 못했고, 어느 정도의 지식이 쌓인 후에도 실행에 옮기기에는 주저함이 있었다. 세 번째로 비트코인을 사라고 했을 때는 예의상 비트코인을 매수해야겠다고 마음먹었다. 절친이 세 번씩이나 추천하는데 안 산다면, 친구가 아니라는 생각이 들어 비트코인을 샀다.

타이밍은 나쁘지 않았다. 사고 나서 곧바로 가격이 수직 상승을 했다. 몇 달 만에 100% 수익률을 찍었고, 마침 돈이 필요해서 팔았다. 확실히 아는 것과 행동에 옮기는 것에는 차이가 있었다. 직접 비트코인 투자를 체험하며, 나는 비트코인의 매력과 생명력에 대하여 다시 바라보게 되었다.

이후 비트코인을 비롯한 가상화폐 가격이 폭등했고 국내 가상화폐 시장의 거래 규모가 폭발적으로 확대되며, 코스닥 시장을 압도하게 되었다. 특히 2030세대가 가상화폐에 열광했다. 그러면서 자연스럽게 대토론이 열렸다. '가상통화, 신세계인가 신기루인가'라는 주제로 유시민, 정재승 등의 패널들이 토론을 벌였는데, 가상화폐의 위험성이 부각되기도 했다. 공교롭게도 그 이후 긴 침체장으로 들어서기도 했다.

사실 주변 지인 중 비트코인에 우호적인 사람은 거의 없다. 친구들도 그렇지만, 나보다 연배가 높은 선배들은 비우호적인 태도라는 표현이 부족할 정도다. 적대적이기까지 하다. 가상화폐는 '가짜 돈'이라는 생각이 그들에게는 확고하게 자리 잡고 있다. 가상화폐라는 단어 자체가 그런 느낌을 담고 있긴 하지만, 이미 부인할 수 없는 실체가 있지 않은가.

2009년 비트코인이 세상에 나온 이후 수많은 논란과 공격, 탄압이 있었지만, 가상화폐는 사라지기는커녕 가격이 더 올랐고 위상은 엄청나게 커졌다. 이 정도 생명력을 가지게 된 데는 다 그만한 이유가 있기 때문이다.

사토시 나카모토는 비트코인 개발자로 알려진 인물이다. 그런데 사토시의 실체는 여전히 미스터리라고 한다. 그의 실제 정체에 대해 수많은 추측과 주장이 있지만 정확히 밝혀지지 않았다. 사토시는 달러 체제에 대한 불신, 2008년 금융 위기, 그리고 중앙은행 없는 P2P 전자 화폐 시스템에 대한 비전을 가지고 비트코인을 개발했다. 그는 블록체인 기술을 활용하여 중앙집권화된 금융 시스템의 위험성을 해결하고, 개인 간 거래를 안전하게 할 수 있는 시스템을 구축하고자 했다. 그가 비트코인을 만들게 된 배경에는 인플레이션에 대한 문제의식이 있었다.

달러와 같은 법정화폐는 정부와 중앙은행이 통제하는데, 경제 성장을 촉진하거나 경기 침체를 막기 위해 통화 공급을 늘리면 필연적으로 인플레이션이 일어난다. 하지만 탈중앙화가 특징인 비트코인은 디플레이션 화폐다. 2,100만 개로 발행량이 제한되고 4년마다 신규 발행이 절반으로 줄어들어 시장에서 거래되는 가치가 높아진다. 오 작가의 표현을 빌리자면, 동서고금의 무수한 부자들의 로망이 바로 비트코인이라 할 수 있다. 갖고 싶었지만 존재하지 않았던 것이 바로 비트코인이다.

안전자산이라 일컬어지는 금과 달러는 치명적인 단점이 있다. 모빌리티가 없다는 것이다. 러시아-우크라이나 전쟁이 발발하고 난 후 우크라이나 국민의 절반이 국외로 탈출했다. 하지만 그들이 갖고 있던 금과 달러는 국경을 넘을 수 없었다. 다 뺏겼기 때문이다. 자국 화폐인 우크라이나화 또한 무용지물인 것은 마찬가지였다. 해외로 가지고 나간들 우크라이나 화폐가 가치를 인정받을 수 있었겠는가. 이때 우크라이나 피난민들은 비트코인을 활용했다. 그 이후로 우크라이나의 피난민과 거주민들에게 비트코인이 확고한 화폐로 자리 잡았다.

초인플레이션 때문에 어려움을 겪는 나라에서도 비트코인은 유용하게 활용되고 있다. 가장 대표적인 국가가 베네수엘라다. 베네수엘라 국민은 비트코인으로 물건을 사고판다. 실질적인 국가 화폐로 자리 잡았다. 나이지리아도 그렇다.

세계는 전쟁과 분쟁이 끊이지 않으며, 극심한 인플레이션을 겪는 나라들도 많다. 탈중앙화된, 모빌리티가 있는, 그리고 인플레이션 걱정이 없는 비트코인은 언제, 어디서나 수요가 있을 수밖에 없다는 것이 나의 생각이다.

이미 개당 1억 원이 넘는 비트코인을 사는 건 아니지 않느냐고 하는 사람이 많지만, 그들마저도 5년 전, 10년 전으로 돌아갈 수 있다면 비트코인을 사겠다고 한다. 더 예전에는 과거로 돌아갈 수 있다면 삼성전자나 강남 아파트를 살 거라고 했다. 그런데 이제는 비트코인으로 바뀐 것이다.

앞으로 5년 후 또는 10년 후에 비트코인 가격이 10억을 넘는다고 가정해 보자. 그러면 위의 사람들은 또 똑같은 이야기를 할 것이다. "그때 샀어야 했는데…. 과거로 간다면 꼭 살 거야" 하고 말이다. 분명히 그럴 것이다.

물론 10년 후 비트코인 가격이 10억 원을 넘을 수도 있고, 1억 원 이하로 급락할 수도 있다. 사실 세상일이라는 게 다 그렇지 않은가? 자산은 더욱 그렇다. 하지만 비트코인이 10억 원 수준으로 올라갈 가능성이 매우 크다는 것이 개인적인 견해다. 적어도 달러나 금보다는 비트코인이 미래에 더 유망할 것으로 보인다.

나는 비트코인을 조금씩 사 모을 계획이다. 얼마 전 후배에게 흥미로운 이야기를 들었다. 그는 매월 적립식으로 비트코인을 산다고 했다. 정확한 금액은 기억나지 않지만, 매월 말일이나 초일에 50만 원씩 사는 식으로 투자하는 듯했다. 그의 판단으로는 이만한 적금이나 적립식 펀드는 없을 것이라고 했다. 나도 후배의 견해에 공감하고 적극적으로 지지한다.

비트코인 적립식 투자는 매월 또는 매주 정해진 날짜에 비트코인을 구매하는 방식이다. 이 방식은 평균 매입 단가를 낮출 수 있다. 정기적으로 소액을 투자하는 경우 가격이 높을 때는 적게 사고, 가격이 낮을 때는 많이 사는 효과를 얻을 수 있다. 시장 타이밍에 크게 신경 쓰지 않아도 되므로 투자 스트레스도 줄어든다.

비트코인 적립식 투자를 시작해 보려고 한다면 거래소에서 제공하는 자동 매수 기능이나 API 연동 서비스를 활용할 경우 손쉽게 비트코인을 적립할 수 있다. 이를 통해 모든 과정을 자동화하여 훨씬 더 효율적인 관리가 가능하다. 적립식 투자를 하고 나서도 주기적으로 자신의 전략과 성과를 점검하고 조정해 봐야 한다. 예상보다 높은 수익을 얻었다면 매입 금액이나 주기를 변경해 보는 것도 필요하기 때문이다.

10년 전의 비트코인을 지금 만나기를 바라는 이들을 대상으로 재미있는 실험(?)이 이뤄지고 있다. 쉽게 말하자면, 비트코인 현상을 재현하는 것이다. 그러면 10~20년 후에 지금의 비트코인을 만날 수도 있지 않겠는가.

비트모빅은 오태민 작가가 주도하는 프로젝트로 비트코인과 모빅(허먼 멜빌의 소설 《모비 딕》에 등장하는 고래 모비 딕)의 합성어다. 오 작가가 비트코인을 하드포크(쉽게 말해 복제)해 기업형 블록체인을 목표로 비트모빅을 창시한다고 했을 때, 대부분 사람은 또 하나의 잡코인 또는 알트코인이 나올 거로 생각했다. 잠깐 반짝하다 사라질 것이라고 확신했다. 그가 처음에 관악산 등반객을 대상으로 에어드롭(암호화폐 주소로 코인이나 토큰을 무료로 지급하는 이벤트)을 한다고 했을 때 누가 오겠느냐고 했는데 수많은 사람이 운집했다.

물론 손해 볼 건 없다. 어차피 공짜로 받는 것이니 비트모빅의 가치가 없어지면 어떤가. '등산한 셈 치지 뭐' 하는 생각을 할 수도 있을 것이다. 그래도 직장인이라면 월차를 냈을 거고, 차비, 기름값도 들었을 거다. 당시 가족 모두를 데리고 참여한 사람도 있었다. 그들은 이미 비트모빅의 가치에 대해 확신이 있었던 듯하다.

심지어 LA 에어드롭에 따라간 이도 있었다. 화룡점정은 몽트빌이었다. 여긴 호주다. 시드니나 멜버른도 아니고 브리즈번 시내에서도 한참을 달려야 나오는 산골 동네에 수백 명이 모였다. 그리고 그들은 그곳에서 환호성을 지르게 된다.

이 이야기는 전설처럼 들리겠지만 실제 있었고 지금도 진행 중인 실험이다. 비트모빅은 비트코인의 10년 전 가격 수준에서 거래되고 있다. 비트코인의 재현이든 아니든 굉장히 흥미롭고 의미 있는 실험이라고 생각한다.

물론 차이점은 있다. 앞에서 언급한 것처럼 비트코인은 창시자가 사라졌다. 죽었는지 또는 자취를 감춘 건지 아무도 모른다. 그리고 초기에 많은 물량을 확보한 고래의 존재가 위협적으로 작용하고 있다. 실제로 고래가 물량을 내놓을 때, 비트코인의 가격은 출렁거렸다.

반면 비트모빅은 오 작가가 창시자다. 오 작가에 대한 신뢰가 중요하다. 오 작가는 자신의 보유 물량에 공개적으로 락업(Lock up, 의무보유확약)을 걸어 뒀다. 그리고 감시와 관리가 철저하게 이루어지고 있다. 놀랍게도 이 실험은 순항 중이다. 성공 가능성이 매우 커졌다. 실제로 개당 30만 원대 이상의 가격을 상당 기간 유지하고 있다.

비트코인이든, 비트모빅이든 분산투자의 관점에서 접근해야 한다. 누구도 코로나 팬데믹을 예상하지 못했고, 트럼프의 관세 전쟁에 전 세계가 속수무책으로 당하고 있다. 당장 내일 무슨 일이 일어나도 이상하지 않은 세상이 아닌가. 그러므로 자신의 자산 가운데 몇 퍼센트라도 비트코인에 분산해 두면 조금은 든든하지 않겠는가. 물론 세상 모든 것은 불확실하고 가변적이다. 어떤 결정을 하든 분명한 것은 모두 본인의 책임하에 이뤄져야 한다는 것이다.

달스코의 부상

달러스테이블코인(이하 달스코)이 급성장하고 있다. 2024년 달스코의 거래대금은 15.6조 달러(2경 2,000조 원), 시가총액은 1,612억 달러(226조 원)이었다. 지난 5년간(2020~2024년) 각기 연평균 98.7%와 116.8%로 폭풍 성장했다.

테더(USDT)와 USDC가 7 대 3 비율로 시장을 양분했었다. 최근엔 페이팔(PYUSD), 블랙록(BUIDL), JP모건(JPM Coin) 등 핀테크와 금융권의 대표주자들도 적극적으로 참여하는 추세다. 2015년엔 달스코 발행사가 테더 하나였는데, 2020년엔 7개, 2024년 말엔 약 50개까지 늘어났다.

특히 거래대금이 카드의 양대 산맥인 비자와 마스터카드 결제금액 합계(7.1조 달러)의 2.2배까지 늘어나서 글로벌 금융권 전체의 화두로 떠올랐다. 이처럼 달스코가 금융과 세상을 바꾸고 있다.

우리나라도 무풍지대가 아니다. 동대문의 상인들은 이미 달스코로 결제하고 있다. 15% 이상이라고 추정한다. 국내의 외국인 노동자들은 달스코로 임금을 받고 있다. 불법체류 외국인 노동자들 이야기가 아니다. 정상적으로 입국한 외국인 노동자들은 임금을 원화로 월급 받는 걸 거부한다. 일단 도난의 위험이 있고, 환율 변동 위험이 크며, 무엇보다 시간을 내서 환전하는 그 과정이 시간과 노력 측면에서 너무 불리하다는 것이다.

사람들은 대부분 이런 거대한 흐름을 모른다. 눈치채지도 못하고 있다. 19세기에 우리는 쇄국정책을 펼침으로써 세계화의 흐름을 놓쳤고 결국 일본의 식민지가 되었다. 문자를 모르는 문맹들은 엄청난 피해를 봤다. 금융문맹 또한 상당한 기회비용을 치렀고, 지금도 치르고 있다. 그런데 블록체인, 가상화폐, 달스코라는 신금융혁명이라는 흐름을 외면하면 곤란하다. 돌이킬 수 없는 기회비용을 내야 할 수 있다.

이런 흐름으로 간다면, 원화 가치는 급락할 수 있다. 외국인 노동자들이 원화를 거부하고 달스코를 달라고 하는 것처럼 다른 영역으로 빠르게 확산할 것이 분명하다. 공고해 보이는 원화 체계가 무너질 수도 있다. H대학교 OOO 교수는 단언했다. 이런 흐름이 지속되면 은행이 망할 수 있다고까지 했다. 은행의 존재 의미가 없어지기 때문이다.

OOO 교수는 은행이 사라질 수도 있다는 말을 은행원들에게 했다고 한다. 당연히 그들은 비웃었다. 망상이라며 비웃었을 것이다. 그런데 10년 전 OOO 교수가 H대학교 강의에서, 비트코인이 1억 원 넘을 거라고 했을 때, 그 당시 강연에 참석한 사람들 역시 비웃었다. 당시 30만 원에 불과했으니. 결과는 어땠는가?

웃어넘길 만한 내용은 아닌 듯하다. 확률적으로 본다면 절대 낮지 않을 것이다. 달스코의 확산, 그것으로 인한 금융의 대격변은 피할 수 없는 시대 흐름이다. 이런 마당에 은행에 원화 베이스 예금과 적금을 넣어 두는 건 정말 위험한 행동이라고 생각한다. 한 번이라도 달스코와 은행의 존재 의미에 대한 얘기들을 곱씹어 보고 전략을 세우길 진심으로 바란다.

암호화폐 프로젝트의 청사진, 코인 백서

코인 백서는 해당 암호화폐의 목표, 기술적 사양, 구현 계획 등을 담고 있으므로 '암호화폐 프로젝트의 청사진'이라고 불린다. 예를 들어, 이더리움의 백서에서는 스마트 계약 기능이 어떻게 작동하는지 상세히 설명되어 있어 큰 주목을 받았다고 한다.

코인 백서는 투자 결정을 내리는 데 필요한 기본 문서다. 프로젝트팀의 전문성, 코인의 경제 모델, 실현 가능한 로드맵이 있는지 코인 백서를 통해 확인해야 한다. 투자는 위험을 동반하지만, 제대로 된 정보를 바탕으로 한 투자는 가치 있는 기회가 될 수 있다. 이러한 정보는 코인 거래소의 공식 웹사이트 또는 코인 개발팀의 공식 채널을 통해 접할 수 있다.

코인 백서의 예시로 비트모빅 백서 일부 내용을 소개하면 다음과 같다.

> 이 백서는 비트모빅의 핵심 개념, 여타 암호화폐들과의 차별점, 활용 사례 및 로드맵을 종합적으로 제시하여 독자들이 비트모빅의 비전을 이해할 수 있도록 하기 위해 작성되었다.
>
> 비트모빅은 기업형 블록체인과 금융·무역 플랫폼 구축을 목표로 하는 프로젝트로, 백서는 정보 제공을 목적으로 하는 것이지 투자 유치나 권유를 위한 것이 아니다. 암호화폐와 블록체인 프로젝트에 대한 투자는 개인의 판단과 책임하에 이루어져야 하며, 백서 작성자는 비트모빅의 가격 변동에

대해 어떠한 보장이나 책임도 지지 않는다.

또한 이 백서에 포함된 로드맵은 프로젝트의 방향성과 지향점을 보여 주는 것이며, 백서 작성자는 특정 목표나 일정이 반드시 그대로 실행될 것임을 보장하지 않는다. 프로젝트의 발전 과정에서 기술적, 법적, 시장 환경 등의 변화에 따라 계획은 수정될 수 있다.

비트모빅은 투명성과 지속 가능성을 바탕으로 생태계를 구축하고 있으며, 이를 통해 기업과 기관이 신뢰할 수 있는 블록체인 솔루션을 제공하는 것을 목표로 한다.

목차

0. 초록 (Abstract)

1. 기존 암호화폐의 문제점

　1.1. 비트코인의 약점

　1.2. 많은 알트코인의 구조적 문제

2. 비트모빅

　2.1. 비트모빅의 탄생

　2.2. 정체성 및 방향성

　　2.2.1. 고래사냥

　　2.2.2. 창시자 이익 배제를 통한 신뢰 구축

　2.3. 비트모빅 프로젝트의 미션과 비전

　　2.3.1. 기업형 블록체인

　　2.3.2. 금융·무역 플랫폼 구축

3. 코인 경제(Coinomics)

　3.1. 발행량

　3.2. 공공재

3.3. 소각

3.4. 유통량

3.5. 락업

4. 비트모빅 거버넌스(BTCMobick Governance)

4.1. 거버넌스 설계 목표

4.2. 거버넌스 구성

4.2.1. 오태민(오태버스)

4.2.2 공공재 감독위원회

4.2.3. 인사위원회

4.2.4. 비트모빅 카운슬

5. 결론 및 미래 전망(Conclusion & Future Vision)

0. 초록 (Abstract)

비트모빅은 비트코인의 견고한 기술적 기반을 계승하면서도, 좀 더 실용적이고 확장할 수 있는 블록체인 솔루션을 제공하기 위해 설계된 프로젝트다. 비트코인은 탈중앙화된 디지털 자산으로 인정받고 있지만, 기업과 기관이 이를 도입하는 데에는 기술적·경제적 한계가 존재한다. 비트모빅은 이러한 한계를 극복하여 법적 안정성, 확장성, 실용성을 모두 갖춘 블록체인 솔루션을 제공하는 것을 목표로 한다.

비트모빅의 핵심 전략은 '공공재' 개념의 도입이다. 이를 통해 네트워크 운영과 생태계 확장을 위한 지속적인 자원을 확보하며, 기업과 기관이 부담 없이 블록체인 기술을 활용할 수 있도록 지원한다. 또한 초기 비트코인 보유자를 생태계로 유입하는 '고래사냥' 프로젝트를 통해 비트코인의 신뢰도를 높이고, 비트모빅의 글로벌 입지를 강화할 것이다.

비트모빅은 달러 스테이블 코인 프로젝트를 통해 블록체인 기술과 기존 금융 시스템을 연결하여, 글로벌 금융 및 무역 결제에서의 실질적인 활용 가능성을 확대하고자 한다. 이는 기업이 블록체인 기반 금융을 더 쉽게 도입할 수 있도록 돕는 동시에, 글로벌 사용자들에게 안정적인 거래 환경을 제공하는 중요한 기반이 될 것이다. 아울러 글로벌 금융 규제 환경과 조화를 이루기 위해 AML/KYC(자금세탁방지 및 고객확인제도) 준수 전략을 마련하여 신뢰할 수 있는 블록체인 환경을 구축할 것이다.

나아가 현재 프라이빗 블록체인인 비트모빅은 장기적으로 퍼블릭 블록체인으로의 전환을 추진하며, 이를 통해 좀 더 개방적이고 신뢰할 수 있는 블록체인 생태계를 조성하고자 한다.

이러한 핵심 전략과 단계적인 발전을 통해, 비트모빅은 기업과 기관이 블록체인 기술을 더 안전하게 활용할 수 있도록 지원하며, 글로벌 금융 및 무역 시장과 긴밀히 연계되는 방향으로 발전할 것이다. 나아가 기업과 기관, 그리고 개인 사용자 모두에게 실질적인 가치를 제공하는 차세대 블록체인 솔루션으로 자리 잡을 것이다.

본 백서는 비트모빅의 비전을 명확히 제시함으로써, 비트모빅이 기존 블록체인 프로젝트와 어떻게 차별화되는지를 설명하고, 나아가 기업 및 기관들에 비트모빅과의 협력의 필요성을 설득하고자 한다.

이하 생략…

시세 차익보다 배당금, 배당주 투자

사람들이 주식투자를 하는 이유는 무엇일까? 대부분은 시세 차익이 투자 이유일 것이다. 하지만 주식은 생각보다 위험한 투자 수단이다. 천하의 삼성전자가 수백만 투자자의 애를 타게 했고, 이는 지금도 많은 진행 중이다.

다들 삼성전자를 줄여서 '삼전'이라고 부른다. 삼전 주가는 불과 얼마 전까지만 해도 10만 원을 눈앞에 두고 있었다. 투자자들 사이에 10만 원 돌파는 시간 문제라는 공감대가 형성되어 있었다. 사실 그래야 할 이유나 당위는 없었다. 그냥 느낌이 그랬다. 반도체가 여전히 잘 팔리고 있고, 갤럭시폰도 그럭저럭 선방하고 있으니, '10만 전자'는 떼 놓은 당상이라고 여겼다.

그랬던 삼전 주가가 9만 원 아래로 떨어졌다. 이제 '8만 전자'가

된 것이다. 굳건하다고 믿었던 주가 8만 원 선도 무너졌다. 7만 전자다. '7만 원은 지킬 거야'라고 믿었다. 원래 그런 건 잘 깨지는 경향이 있다. '어느새 6만 전자'가 익숙해졌다. 이게 바닥일 거로 생각했다. 지하실이 있으리라고는 상상하지 못했다. '5만 전자'가 되었다. 그러다 결국 '4만 전자'를 보고야 말았다.

원래 주가란 게 그렇다. 내리기는 쉬워도 오르기는 어렵다. 개인적인 느낌으로는 (실제 그런 힘이 존재하지는 않지만) 하락보다는 상승시키는 데 두세 배 더 많은 힘이 드는 듯하다.

삼성전자는 굳이 분류하자면 성장주다. 그것도 전 세계 유수의 기업과 경쟁해야 하는 첨단 기술 기업이다. 기술의 변화 속도도 무섭고 중국 등의 경쟁국, 경쟁사의 추격도 매섭다. 게다가 중국의 경쟁사는 엄청난 정부 보조금과 관세로 무장했다. 그들과 초격차를 유지하는 것은 거의 불가능에 가까워 보였다. 실제로 그런 일이 벌어지고 있다. 어느새 SK하이닉스에 추월당했고, 몇 수 아래의 중국 기업들에도 추격의 틈새를 보이는 형국이다.

투자자의 눈은 매우 높다. 주당 1만 원을 벌었다면, 다음 해에는 주당 1만 1,000원을 벌어야 한다. 그것이 어디 쉬운 일인가? 현상 유지만 해도 대단한 것이 현실이다. 연 5%의 성장이나 영업이익률 5%가 예전에는 손쉬운 목표였다. 하지만 이제 대한민국은 1%대의 저성장 국가가 되었다. 역성장만 안 해도 다행이라는 생각이

들 정도다. 결국 성장주는 투자 대상으로는 어렵다는 것이 개인적인 견해다.

그러니 주식에 관심이 있다면, 비교적 안정적인 배당주로 눈을 돌리는 것이 더 마음 편한 선택이 되지 않을까? 배당주의 경우 대체로 과점 업체가 많다. 내수 기업도 적지 않다. 안정적인 영업이익을 기반으로 적당한 배당을 한다. 몇 해 전부터 '밸류업(기업 가치 제고)'이 유행이 되었다. 정부 차원에서도 기업의 자발적인 가치 제고 프로그램을 독려하기 시작했다. 그렇다고 딱 부러진 당근이 있는 것은 아니다. 물론 채찍도 없다.

놀라운 성공 사례는 있다. 메리츠금융지주다. '성과주의' 경영철학을 바탕으로 확실한 인센티브를 준다. 물론 메리츠금융의 직원들은 힘들 것이다. 그러나 요즘 힘들지 않은 직장인이 어디 있겠는가. 차라리 일을 좀 더 하고 그만큼 보상을 더 받아 가는 게 좋을지 모른다. 아무튼 메리츠는 돈도 많이 벌었고, 그 돈으로 자사주를 지속해서 매입했다. 주주들에게 배당도 두둑하게 줬다. 그 결과 주가가 크게 올랐고, 아주 성공적인 배당주 투자 사례가 되었다. 하지만 현 시점에 메리츠금융지주 투자를 권하기는 부담스럽다.

다만 메리츠금융지주를 롤모델로 삼고 있는 기업들이 더러 있으므로, 어떤 기업인지 찾아볼 필요가 있다. 최근 눈에 띄는 것은 K증권이다. 메리츠금융과 거의 판박이 느낌이다. 메리츠금융의 직원도 K사가 자기들을 그대로 따라 한다고 평가할 정도다. 2025년 4월 K증권의 배당금과 주가를 그대로 대입하면 연 6% 수준의 시가 배당률이 나온다. 이것이 다가 아니다. K증권은 꽤 큰 규모로 자사주 매입을 한다. 기업의 순이익에서 배당금과 자사주 매입 금액이 차지하는 비율을 주주환원율이라고 하는데, K증권은 업계 최고 수준의 주주환원율을 달성하겠다는 목표를 발표했다.

최근 미국 증시에서 증권업종이 최고의 수익률을 기록했다는 것도 의외다. 자본주의의 꽃이 증권업이라는 말이 와 닿는 요즘이다. 이런 회사에 투자한다면, 은행 이자의 두 배 이상의 배당과 상당한 주가 차익까지 노릴 수 있을 것이다.

아직 상장하지 않은 비상장기업 중에 내 눈에 띈 주식이 하나 있다. 바로 한국증권금융이다. 증권사들의 중앙은행이라고 생각하면 이해하기가 쉬울 것이다. 이 회사는 한국거래소(KRX)의 자회사로 분류된다. 한국거래소가 최대 주주인 건 맞지만, 주주의 대부분은 증권사들이다. 이 회사는 꽤 안정적인 수익 기반을 갖고 있다. 증권사가 고객들이 맡긴 예탁금을 예치하면, 한국증권금융은 그 자금을 갖고 안정적으로 운용해서 꾸준히 이익을 낸다. 독점 기업인 셈이다.

한국증권금융은 한국거래소가 상장하지 않는 이상 상장 가능성은 매우 낮다는 평이다. 사실 한국거래소와 한국증권금융이 공동

운명체로 묶여 있는 것 자체가 나로서는 잘 이해되지 않는다. 굳이 말하자면 둘은 금융공기업에 해당하고, 상장되는 것이 더 자연스러워 보인다. 실제로 뉴욕증권거래소(NYSE), 나스닥, 런던증권거래소(LSE), 홍콩증권거래소 등 세계 주요 거래소들은 모두 상장되어 있다.

언젠가는 한국거래소도 한국증권금융도 상장할 것으로 예상한다. 물론 그 시기는 미지수다. 한국증권금융의 경우는 사실 상장하지 않아도 크게 상관이 없어 보인다. 이미 배당을 많이 주고 있기 때문이다. 업종 특성상 영업이익은 꾸준한 우상향이다. 배당 성향도 꽤 높은 편이다. 최근 발표에 따르면 배당 성향을 35%로 설정했다. 장외주가는 1만 1,000~1만 2,000원 정도를 형성하고 있다. 2024년 당기순이익이 3,695억 원이었고 배당금은 주당 950원에 달했다.

장외주가는 통상 38커뮤니케이션(www.38.co.kr)의 주가 또는 증권플러스비상장의 주가를 기준으로 삼는다. 한국증권금융의 주가는 2025년 4월 초 기준 1만 1,700원이다. 배당금이 950원, 주가는 1만 1,700원이므로 배당수익률은 무려 8.1%다. 대단한 수익률이라 할 수 있다.

한국증권금융의 배당 성향은 높게 형성되어 있고 앞으로도 유지될 가능성이 커 보인다. 이익의 안전성도 확보된 듯하다. 물론

배당왕족주(주요 경제 위기 제외하고 20년 이상 배당금 증액 유지한 종목)

종목	연속 증액 기간	배당수익률(%)	부채비율(%)	유동비율(%)
SK텔레콤	24년 이상	5.90	134.6	90.7
현대차	24년 이상	5.31	174.5	153.5
영원무역홀딩스	24년 이상	4.68	30.3	583.8
현대제철	24년 이상	4.59	75.8	156.0
에스원	24년 이상	4.36	36.2	253.2
KT&G	24년 이상	4.23	46.0	223.3
한국앤컴퍼니	24년 이상	4.02	13.8	161.9
에스엘	24년 이상	2.95	53.1	207.6
신세계	24년 이상	2.89	138.9	41.8
현대모비스	24년 이상	1.86	43.7	230.0
LS	24년 이상	1.68	179.7	123.8
JW중외제약	24년 이상	1.67	109.7	141.7
엔씨소프트	24년 이상	1.31	28.5	487.6
동진쎄미켐	24년 이상	0.55	87.6	144.1
NH투자증권	23년	5.51	–	–
LG	23년	4.02	10.8	271.8
신한지주	23년	3.72	–	–
SK	23년	3.58	156.2	94.6
삼성전자	23년	2.69	27.2	251.9
HDC현대산업개발	22년	3.39	142.0	159.8
키움증권	22년	2.27	–	–
리노공업	22년	1.91	6.9	1131.9
LG전자	22년	0.90	163.4	129.0
호텔신라	22년	0.50	385.4	129.7
현대글로비스	21년	5.18	90.4	180.3
한화	21년	2.55	611.1	84.0
포스코인터내셔널	20년	2.16	137.8	119.6
한솔케미칼	20년	2.08	34.9	132.5
세방전지	20년	0.96	43.0	194.0

*배당수익률은 2023년 배당금, 12월 3일 주가 기준.
부채비율·유동비율은 2024년 3분기 기준.
*주요 경제 위기란 카드채 부실 사태(2002~2006년), 세계금융위기(2007~2009년),
유럽 재정위기(2009~2013년), 코로나19 위기(2020~2022년).
*금융회사는 자본 적정성 중심으로 재무 건전성을 판단하므로 부채비율·유동비율 계산하지 않음.
자료: 에프엔가이드, 각사 사업보고서

배당귀족주(주요 경제위기 제외하고 10년 이상 배당금 증액·유지한 종목)

종목	연속 증액 기간	배당수익률(%)	부채비율(%)	유동비율(%)
하나금융지주	19년	5.15	–	–
다우기술	18년	3.73	852.9	113.9
율촌화학	18년	1.07	107.8	92.0
삼성카드	17년	5.76	–	–
현대건설	17년	2.16	132.2	169.8
CJ	16년	3.01	165.8	84.8
CJ제일제당	16년	2.03	141.4	93.6
두산	16년	0.94	150.2	105.5
삼성SDI	16년	0.38	80.5	94.6
한세실업	15년	3.50	88.9	132.9
KB금융	15년	3.02	–	–
이마트	13년	2.99	156.2	62.8
네이버	13년	0.58	42.6	159.5
테크윙	13년	0.37	133.7	81.2
한국타이어앤테크놀로지	12년	3.38	32.3	290.3
한국콜마	12년	1.08	107.6	66.3
SOOP	12년	0.81	84.2	193.3
더존비즈온	12년	0.32	85.1	96.4
LG유플러스	11년	5.64	132.6	102.5
GS	10년	5.87	89.4	88.5
SK네트웍스	10년	4.60	173.7	105.0
SK디스커버리	10년	4.49	119.9	154.1
동원시스템즈	10년	1.34	94.5	122.0
카카오	10년	0.14	81.3	127.4

*배당수익률은 2023년 배당금, 12월 3일 주가 기준.
 부채비율·유동비율은 2024년 3분기 기준.
*주요 경제 위기란 카드채 부실 사태(2002~2006년), 세계금융위기(2007~2009년),
 유럽 재정위기(2009~2013년), 코로나19 위기(2020~2022년).
*금융회사는 자본 적정성 중심으로 재무 건정성을 판단하므로 부채비율·유동비율 계산하지 않음.
자료: 에프엔가이드, 각사 사업보고서

배당개근주(20년 이상 빠짐 없이 배당한 종목)

종목	배당 개근 기간	배당 수익률(%)	종목	배당 개근 기간	배당 수익률(%)
한온시스템	24년 이상	7.76	고려아연	24년 이상	0.97
현대해상	24년 이상	7.56	삼아알미늄	24년 이상	0.24
롯데쇼핑	24년 이상	6.51	한전KPS	23년	4.44
기업은행	24년 이상	6.49	삼성에스디에스	23년	1.96
코리안리	24년 이상	6.35	에스에프에이	23년	1.37
롯데정밀화학	24년 이상	5.63	LG화학	23년	1.24
롯데케미칼	24년 이상	5.43	LG생활건강	23년	1.07
DB손해보험	24년 이상	4.66	한전기술	23년	0.75
LX인터내셔널	24년 이상	4.10	포스코퓨처엠	23년	0.15
삼성화재	24년 이상	3.68	TKG휴켐스	22년	5.23
POSCO홀딩스	24년 이상	3.63	삼성증권	22년	4.34
삼성생명	24년 이상	3.39	세아제강지주	22년	1.10
KCC	24년 이상	3.29	대웅제약	22년	0.47
S-Oil	24년 이상	2.95	한국금융지주	21년	3.28
성우하이텍	24년 이상	2.87	GS리테일	21년	2.16
DL	24년 이상	2.84	한미반도체	21년	0.56
롯데칠성	24년 이상	2.82	세아베스틸지주	20년	5.32
코웨이	24년 이상	1.95	LS ELECTRIC	20년	1.79
아모레G	24년 이상	1.07			

*배당수익률은 2023년 배당금, 12월 3일 주가 기준
자료: 에프앤가이드, 각사 사업보고서

거래량이 많지 않아, 지금의 낮은 주가가 유지될지는 미지수다. 비상장 기업 가운데 증권금융은 대단히 이례적인 경우다. 그 점은 무척 아쉽다. 여러 기업이 있다면, 관심도도 분산되고 적당한 주식을 확보할 수 있을 텐데 말이다.

상장 기업 가운데도 연 5% 이상 배당수익률을 유지하고 있는 기업들이 제법 있다. 이들 고배당주 가운데, 두세 개를 골라서 배당투자를 하는 것도 저위험 중수익을 원하는 이 책의 독자들에게는 좋은 선택이 될 것이다.

비과세에 연이자 10%, 브라질 국채

2010년대 초반 브라질 국채 투자가 큰 인기를 끌었던 적이 있다. 풍부한 자원과 대규모 인프라 투자로 경제 호황을 맞은 브라질의 10년 국채가 연 10%가 넘는 금리로 발행된 데다, 1991년 한국과 브라질이 맺은 국제조세협약에 따라 국내에서 브라질 채권의 이자소득과 매매 차익에 대한 비과세 혜택을 적용받을 수 있었기 때문이다.

하지만 브라질 화폐인 헤알(real)화 가치가 폭락하며 악몽이 시작되었다. 2011년 680원대였던 원-헤알화 환율은 2015년 330원대, 2021년에는 190원대까지 내려앉았다. 이에 따라 엄청난 손실을 본 투자자들이 많아서 브라질 국채의 '브' 자만 꺼내도 고개를 절레절레 흔드는 사람들이 적지 않다. 브라질의 신용등급이 다른 선진국보다 낮은 만큼, 브라질 채권에 투자할 때는 신중해야 한다. 글로벌 신용평가사인 무디스와 S&P는 브라질의 국가신용등급을 '투기등급'으로 분류하고 있기 때문이다. 따라서 브라질 정부의 정책 노선을 확인한 뒤에 투자에 나서라는 조언도 나오고 있다. 하지만 지금 다시 봐야 할 상황이라고 판단된다.

브라질 국채는 크게 두 가지로 나뉜다. 달러화 표시 브라질 국채와 헤알화 표시 브라질 국채가 있다. 전자는 현재 기준으로 연 5~7% 수익률이 예상되고, 후자는 14~15%다. 그 차이는 표면금리 자체도 다르지만 달러와 헤알화의 안전성 차이에서 기인한다.

좀 더 구체적으로 살펴보면, 헤알화 표시 브라질 국채의 경우 표면금리가 연 10%다. 그것도 반기에 이자를 지급한다. 1년에 두 번 5%의 이자를 받는 것이다. 브라질의 기준금리는 14.25%다. 2025년 3월에 기준금리를 1% 인상했다. 기준금리를 감안하면 결코 높은 금리가 아니지만 브라질의 정치, 경제 상황 등을 감안하면 생각보다는 기준금리가 높다는 판단이다.

달러 표시 표면금리는 3.875%(2030년 만기)와 4.75%(2050년 만기)다. 달러화가 헤알화에 비해 현저히 환율 변동 리스크가 적기 때문에 금리가 헤알화 표시 국채의 반에도 미치지 못한다. 하지만 달러화 표시 채권도 헤알화 표시 채권과 같은 절세 혜택을 누릴 수 있다. 이자소득·채권 매매 시 환차익에 대해 세금을 물지 않아도 되고, 금융소득종합과세(금소세)에서도 제외된다.

브라질의 경우는 이웃 나라 아르헨티나에 비하면 경제 체력이 튼튼하다고 생각한다. 모라토리엄(moratorium)을 선언할 가능성이 매우 낮다. 딱 하나의 위험은 환율 변동 리스크다. 과거 헤알화 환율이 크게 움직였던 것을 모두 지켜보지 않았는가. 2025년 4월 기준 원-헤알화 환율은 240~250원 정도에서 형성되어 있다.

아래 그래프는 지난 10년간의 원-헤알화 환율 차트다. 차트에서 보듯 헤알화의 환율 변동 폭은 그리 작지 않다. 하지만 최근 들어 이전에 비해 변동 폭이 안정되는 추세로 보인다. 예전보다는 환리스크가 감소했다고 볼 수 있는 것이다. 환리스크가 아니라 환차

원-헤알화 환율 차트(2016~2025년)

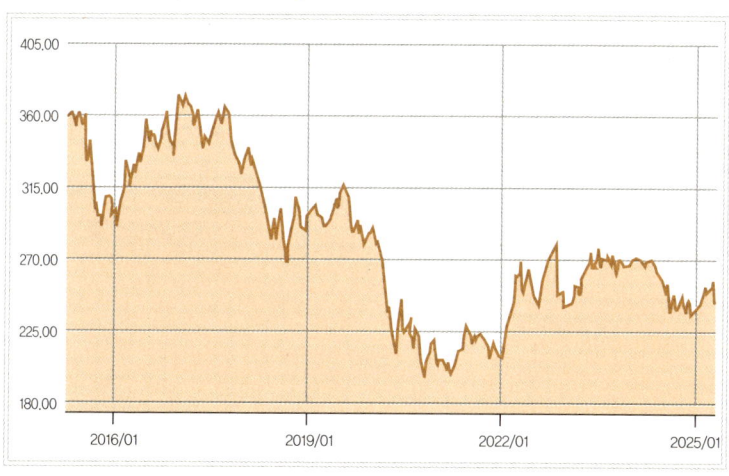

HTS에서 브라질 국채 매수 화면

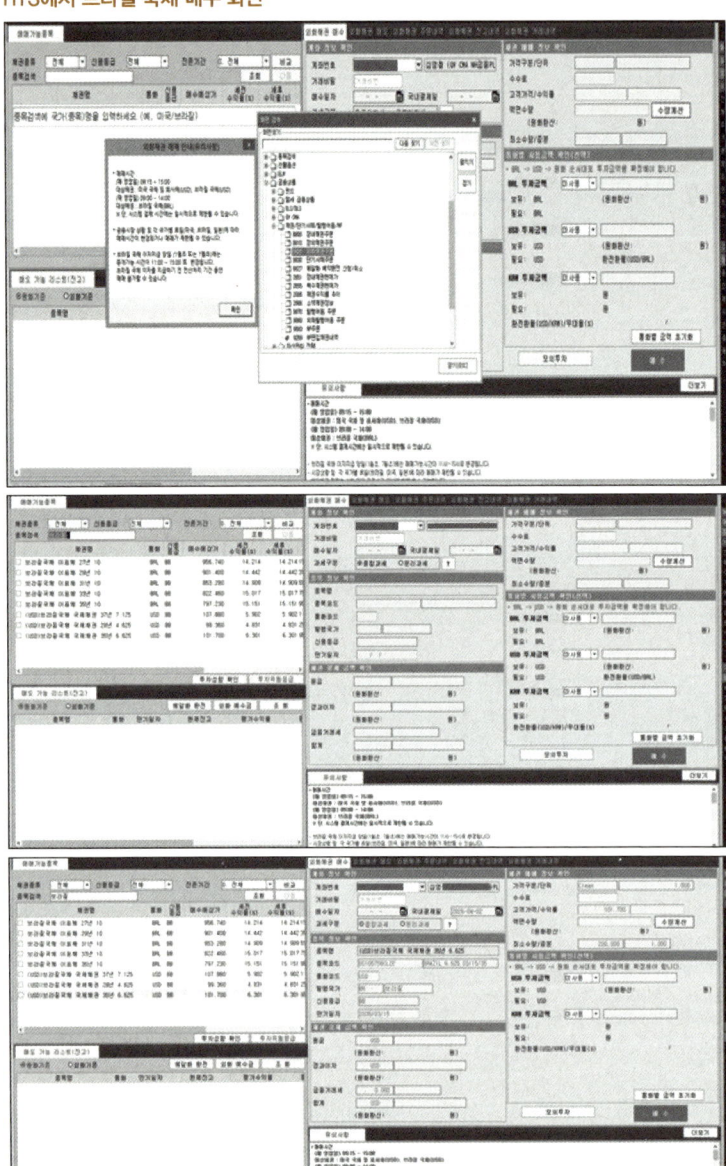

익이 생길 가능성 또한 없지 않다. 그러면 추가적인 수익이 발생할 수 있는 기회를 잡을 수 있다.

브라질 국채를 사는 방법은 주식이나 펀드를 매수하는 것과 동일하니 HTS에서 사는 것을 추천한다. 모르면 공부하고, 안 되면 증권사 직원의 도움을 받자.

브라질 국채 투자 시 유의 사항

브라질 국채는 높은 이자율과 환차익의 가능성으로 많은 투자자가 관심을 보인다. 하지만 브라질 경제의 변동성과 환율 리스크는 이 투자에 큰 영향을 줄 수 있다. 다음 사항에 유의하도록 하자.

1. 환율 변동에 따른 투자 수익

브라질 헤알화는 원화 대비 변동성이 크기 때문에 환율 변화에 따라 투자 수익이 크게 달라질 수 있다. 특히 헤알화가 약세를 보인다면, 원화로 환산했을 때 수익이 줄어들 수 있는 점에 주의하자. 환전 시 발생하는 수수료도 추가 비용이니 저렴한 환전 수수료를 제공하는 증권사 선택이 필요하다.

2. 브라질 정치와 경제 안정성

브라질의 정치적, 경제적 안정성은 투자에 아주 큰 영향을 미친다. 브라질의 금리 정책이나 물가 상황, 그리고 국제 경제 흐름을 계속 체크해야 한다. 헤알화 가치가 하락하면 손실 구간으로 들어서기 때문이다. 따라서 브라질 경제의 전반적인 상태를 자세히 분석하여 투자 결정을 내리는 것이 중요하다.

3. 유동성 제한과 장기 투자

브라질 국채는 국내 시장에서 거래가 활발하지 않기 때문에 유동성이 제한될 수 있다. 만기 전에 매도하고자 한다면 원하는 가격에 팔지 못할 수도 있다. 이 때문에 장기 투자 관점에서 접근해야 한다.

4. 세금 문제

브라질에서는 금융 세금이 있으므로 브라질 국채 투자는 세금 문제에 신경 써야 한다. 투자 수익에 대한 세금은 물론, 외환 거래 시 발생할 수 있는 환전 세금도 고려해야 한다. 투자자들은 브라질 국채에서 발생하는 이자 수익과 원금 회수 시의 세금 부과 방식을 잘 이해하면 추가적인 손실을 최소화할 수 있다.

07 좋은 펀드는 늘 있다

2009년에 《좋은 펀드 고르는 법》이라는 기가 막힌 제목의 책을 썼다. 내가 쓴 책 중에서 가장 두꺼운 책이다. 제일 힘들게 쓴 책이었음에도 가장 적게 팔렸다. 가장 많은 시간과 노력을 들였으니 더 많이 팔려야 하는 게 인지상정이겠지만, 현실은 달랐다. 시인 윤동주가 마지막으로 지은 시가 〈쉽게 쓰여진 시〉라고 한다. 인생은 살기 어려운데 시가 쉽게 쓰여서 부끄러운 일이라고 했다.

쉽게 쓰인 책이 부끄러운 책일 수도 있겠지만, 나의 경우 희한하게도 그런 책들이 베스트셀러가 되었다. 집필 기간이 한 달도 안 되는 책이 경제경영 부문 1등을 하고 무려 30여만 부가 팔렸다. 노력과 결과는 대체로 비례한다는데, 예외가 있는 법인가 싶기도 했다. 그런데 생각해 보면 책을 쉽게 쓰게 된 데는 다 이유가 있었다.

먼저 책에서 다룰 주제를 칼럼에 쓰고, 강의를 할 때나 지인들에게 전하고 또 전한 경우다. 하고 싶은 이야기가 속에서 차고 찬 나머지 목 밖으로 쏟아져 나올 때도 있다. 그것을 책으로 썼다면, 과연 쉽게 쓰인 책이라고 할 수 있을까? 오히려 그런 책일수록 진정성이 담기는 듯했다.

이제야 하는 말이지만 《좋은 펀드 고르는 법》은 사실 억지로 썼다. 출판사의 간곡한 요청에 출간 계약을 하긴 했지만 후회했다. 펀드에 대해 잘 모르기도 했고, 내가 직접 펀드 투자를 거의 해 보지 않았기 때문이다. 물론 증권사에 근무하던 시절, 이런저런 펀드를 수십억 넘게 팔기는 했다. 여의도역 5번 출구 앞과 여의도의 수많은 아파트 단지를 누비며 펀드 상품 전단지를 나눠주었다. 물론 IMF 시절의 이야기다.

당시 인상적이었던 펀드는 메릴린치 해외 주식형 펀드였다. 이 펀드의 수익률은 그다지 높지 않았다. 그런데 환율이 폭등하는 바람에 실제 수익률이 거의 100%에 달했다. 예상치 못한 행운의 결과가 찾아온 것이다. 그 펀드에 몇억 원을 투자했던 내 고객은 그 펀드를 환매한 후 캐나다로 이민을 갔다. 내게 넥타이 선물을 남기고.

당시 유명했던 펀드로는 미래에셋 플래티넘 펀드와 인디펜던스

펀드, 디스커버리 펀드 등이 있다. 이 펀드들의 인기에 힘입어 미래에셋이 그룹을 일궜을 정도다. 이렇게 유행하는 펀드들의 문제점은 당연하게도 수익률 하락 또는 부진으로 이어진다는 것이다.

펀드 설정 규모가 1,000억 원 미만일 때는 한두 종목의 급등으로 인해 수익률이 잘 나올 수 있다. 그러면 투자자가 몰려들게 마련이다. 후속 투자금의 유입으로 기존 펀드 편입 종목을 추가로 사게 되고, 그러면 주가는 더 오른다. 이러한 패턴이 지속되면 펀드 규모도 늘고, 수익률도 오르게 마련이다.

이것도 금세 한계에 봉착한다. 특히 펀드 규모가 1조 원에 이르게 되면, 수익률이 정체된다. 우리 증시 체력에 비해 펀드의 사이즈가 너무 커져 버린 것이다. 처음에는 액티브펀드였지만, 나중에는 인덱스펀드처럼 변해 버리는 패턴이 발생한다.

따라서 펀드 투자를 할 때는 신문과 방송에 소개되는 인기 펀드, 유행 펀드는 제외하는 게 좋다. 펀드 규모가 크면 기대 수익률을 낮추거나 투자를 권유하지 않는다.

펀드 투자는 생각보다 쉽지 않다. 그런데도 좋은 펀드는 늘 있다. 수익률이 의외로 높은 펀드들이 종종 눈에 띈다. 물론 여기서 소개하는 펀드들이 1년 후, 2년 후에도 좋은 수익률을 올릴 수 있겠지만 반대의 확률도 존재한다. 펀드를 포함한 금융상품과 주식 등 다양한 투자 수단들은 늘 관심을 갖고 유연하게 대응해야 한다.

어쩔 수 없다. 세상에 쉬운 투자는 없다. 누구나 지속해서 쉽게 돈을 벌 수 있다면 부자가 되지 않을 사람이 없지 않겠는가. 여기서는 몇 개의 펀드 투자 사례를 소개해 보고자 한다.

우선 S운용사의 코벤펀드들이 있다. 코벤펀드는 코스닥 벤처펀드(KOSDAQ Venture Fund)의 약자로, 조세특례제한법상 요건을 충족하는 경우 투자 금액의 10%를 소득공제 받을 수 있고, 증권인수업무 등에 관한 규정에 따라 코스닥 공모주 물량의 30%를 우선 배정받을 수 있는 펀드다(투자 한도는 제한이 없으나, 소득공제는 1인당 300만 원까지 가능).

공모주 물량의 30%를 우선 배정받을 수 있다는 것이 이 펀드의 가장 강력한 장점이었다. 공모주 따상(상장 첫날에 공모가 더블에 상한가를 기록하는 것)이 일반적이었을 때가 있었다. 가령 일반 펀드는 1,000만 원을 배정받기도 어려운데, 코벤펀드는 그것의 몇 배를 배정받아서 큰 수익을 올릴 수 있었던 것이다.

코벤펀드를 잘 활용한 S운용사의 경우 공모주 기관 배정 물량을 가장 많이 확보했고, 그 결과 코벤펀드의 수익률을 연 20%대로 안정적으로 몇 년간 유지할 수 있었다. 문제는 공모주 배정 방식이 수시로 변경되어 해당 펀드의 수익률이 크게 좌우될 수 있는 위험이 상존한다는 것이다.

T운용사의 롱숏펀드도 눈에 띈다. 롱숏펀드는 주식 운용 시 주가의 상승이나 하락과 관계없이 절대 수익을 추구하는 펀드다. 주가가 오를 것으로 예상되는 주식은 사고(long) 주가가 내릴 것으로 예상되는 주식은 미리 빌려서 팔아(short) 수익을 낸다. 전략을 얼마나 잘 쓰는지에 따라 다르지만, 주가지수와 상관없이 수익을 내는 중위험, 중수익 펀드인 셈이다.

이 운용사는 롱숏펀드에 특별한 강점이 있었다. 지난 10년간 연평균 수익률이 10% 수준이었다. 대단한 실력이다. 물론 과거에 수익률이 높았다고 해서 미래에도 좋은 수익률을 기록할 것이라는 보장은 없다. 하지만 최고의 펀드매니저들이 계속 운용한다면, 상대적으로 고수익을 올릴 가능성은 크다고 생각한다.

마지막으로 친구 K가 실제로 투자했던 A운용사의 액티브펀드도 기억에 남는다. 친구 K는 수백 개의 펀드를 지속해서 관찰하고, 좋은 수익률을 내는 펀드들을 엄선한 뒤 한 펀드에 주목했다. 그 펀드는 AI를 활용하는 펀드였다. 구글, 네이버, 인스타, 유튜브 등에서 많이 검색되거나 언급되는 제품들을 만드는 회사에 투자하는 방식이었다. 당시 미국서 폭발적으로 팔리고 있던 화장품회사(VT)와 불닭볶음면으로 유명한 삼양식품 등에 집중 투자를 하고 있었다. K는 1억 원을 투자했고 몇 달 만에 50%의 수익률을 거뒀다.

앞에서 언급한 사례처럼 좋은 펀드는 늘 있다. 계속 관심을 갖고, 스스로 공부하고, 좋은 투자 멘토가 있다면 남들이 생각하지 못하는 고수익을 거둘 수 있다.

다양한 공모주 비상장 투자법

나는 시골에서 학교를 다녔다. 면 단위의 초등학교를 나왔고, 읍 단위의 중학교와 고등학교를 나왔다. 물론 나의 선택은 아니었다. 1980년대에도 친구와 선배들은 진학을 위해 대도시였던 대구로 이사 가거나 전학을 갔다. 하지만 그러기에 우리 집의 형편은 너무 좋지 못했다. 재산이라고는 논 세 마지기가 전부였다. 그래서 나에게는 선택지가 없었다. 중학교를 수석 졸업했음에도 지역에서 명문고였던 김천고에 갈 생각조차 하지 못했다.

그 덕분에 나는 초중고 12년간 같은 학교에 다닌 친구들이 많다. 그런데 얼마 전 초등학교 동창 단톡방에 새로운 친구가 초대되었다. 초등학교 졸업 후 연락이 끊어져 한 번도 얼굴을 보지 못했던 친구였다. 하지만 나는 종종 그 친구가 생각났고, 어디서 뭘 하며 살고 있을까 궁금해했다.

그래서 그 친구와 따로 대화를 주고받았고, 며칠 후 만나게 되었다. 서로 살아온 얘기를 하며 그 친구가 예상보다 잘 살아왔으며, 평균 이상의 재테크 열정을 갖고 있음을 알게 되었다. 어떤 분야에서는 나보다 더 뛰어난 지식과 노하우를 가진 듯했다.

지금부터 하게 될 이야기는 그 친구에게 해 주고 싶은 조언이다. 워낙 재테크 실력이 상당한 친구라 그에게만 유효한 이야기일 수 있음을 감안해 주기 바란다. 특히 재테크에 문외한인 사람에게는 오히려 독이 될 수 있음을 밝혀 둔다.

나의 첫 직장은 LG증권이었다. LG투자증권, 우리투자증권을 거쳐, 지금은 NH투자증권이 된 곳이다. 내가 근무한 곳은 영업부였다. 영업부는 일반 지점과 똑같다. 다만 본사에 있는 지점이었다. 내가 하는 일은 고객의 주문을 받아서 넣는 것이었다. 물론 내가 추천하기도 했다. 4년 동안 영업사원으로 지내면서 느낀 점은 주식투자가 참 어렵다는 것이었다. 주식과 같은 상품을 사고파는 거래 행위가 실행의 영역이기 때문이다. 주가가 오를 종목을 고르고, 투자 시기를 선택하는 것이 어떤 지식이나 정보를 아는 것만으로 되는 것이 아니라 훈련이 필요하다. 무엇보다 수익에 대한 기대 못지않게 손실에 대한 공포가 크다. 따라서 투자 리스크로 인해 멘붕 상태에 빠지지 않도록 감정을 관리해야 된다는 것도 경험을 통해 알 수 있었다.

그래서 생각했던 것이 '증권시장에 상장된 주식투자 말고 다른 투자 방법이 없을까?'였다. 기업이 주식시장에 처음 상장(IPO)할 때 일반인에게 판매하는 공모주를 사는 방법이 있었다. 당시 우리나라는 코스닥 열풍이 불고 있었기에, 공모 가격에 주식을 사면 큰돈을 벌 수 있었다.

문제는 경쟁률이었다. 10 대 1 정도면 해 볼 만하지만, 1,000 대 1 이상의 경쟁률이 흔했기에, 공모주 청약 자체가 쉽지 않았다. 물론 큰손인 경우라면 방법이 있었다. 워낙 큰돈을 넣기에 받을 수 있는 주식 수량이 제법 되기도 했다. 또 계좌를 수십 개 이상을 개설해서, 많은 수량을 확보하는 편법도 있었다.

공모주를 확보하는 또 다른 방법이 있긴 했다. 공모주를 예약 매매하는 것이었다. 기발한 방법이긴 했으나 리스크도 적지 않았다. 가장 대표적인 투자 사례는 삼성SDS 공모주였다. 2014년의 일이다. 공모가가 19만 원에 달했다. 높은 공모가에도 불구하고 공모 경쟁률이 134 대 1에 달했다. 상장 당일 시초가가 38만 원을 기록했다. 공모가의 두 배였다. 공모만 받으면 두 배의 수익을 거둘 수 있었던 것이다. 문제는 공모 경쟁률이 너무 높다 보니 '그림의 떡'이었다는 것.

방법은 있었다. 공모주를 대량으로 확보하는 노하우를 가진 공모 부대가 있었는데, 이들의 경우 공모가가 확정되기 전 적당한 프리미엄을 받고 예약 매매를 했다. 정확히 기억나지 않지만, 2만 원의 프리미엄을 주면 꽤 많은 공모주를 받을 수 있었다. 그래서 예상 공모가에다 2만 원 프리미엄을 주고 사기로 계약했다. 예상 공모가를 15만 원으로 보고 2만 원 프리미엄을 더한 17만 원을 매매가로 정했다.

그런데 과열되는 바람에 크게 상승한 19만 원으로 공모가가 정해졌다. 결국 19만 원에 프리미엄 2만 원을 더한 21만 원에 사게 되었고, 1,000주를 계약했기에, 2억 1,000만 원을 지불했다. 장외 시세도 더 올랐기 때문에 주가에 대한 걱정은 없었다. 문제는 중개인이 과연 1,000주의 수량을 채워서 상장 당일 아침에 계좌 이체를 해 줄까 하는 것이었다.

예상외의 높은 경쟁률로 인해서, 중개인은 말을 바꿨다. 1,000주를 500주로 깎았다. 경쟁률을 보니, 수긍하지 않을 수 없었다. 500주로 낮췄고 나머지 돈을 돌려받았다. 그리고 상장 시초가에 잘 팔아서 큰 수익을 거뒀다. 애초의 계약대로 1,000주를 다 받았다면 더 좋았겠지만, 이 정도의 수익도 만족할 만했다(나중에 알고 보니, 중개인은 계약 수량인 1,000주를 다 확보했었다. 자기 욕심에 계약을 절반만 이행하고 나머지는 자기 수익으로 취했다). 아무튼 이런 식의 공모주 예약 매매가 암암리에 행해졌고, 지금도 드물게나마 일어나고 있을 것이라 짐작한다.

투자자들은 공모주 한 주라도 더 얻기 위해 갖은 애를 쓰기 마련이다. LG에너지솔루션의 경우가 가장 대표적인 공모주 광풍의 예다. 2022년 이차전지 붐이 불 때, 공모했다. 당시 청약 증거금이 114조 원이었고, 청약 건수 442만 건에 달했다. 이는 전무후무한 기록이다. 앞으로도 이 기록은 쉽게 깨지지 않을 것이라 예상한다.

공모주 청약이 마치 전 국민 스포츠가 된 듯했다. 워낙 열기가 강하다 보니 주식 계좌를 만들어도 아예 청약 배정 가능성이 '0'으로 떨어지거나 1억 원이라는 큰돈을 청약해도 1주만 겨우 배정받는 증권사도 나왔을 정도다. '따상상(더블에 상한가 두 번)'이라는 말은 당연시되었다. 그러나 이렇게 '따상상'을 기록했던 기업들은 이후 후유증에 시달리기도 한다. 대세 상승기에 주가 상승 목표치가 일찍 반영돼 실제 가치보다 주가가 더 올라가는 오버슈팅 현상 때문이다.

나는 이런 공모주 투자는 승산이 없다고 판단했다. 그래서 남들보다 한 발짝 앞선 투자를 하기로 했다. 소위 프리IPO 투자라고 한다. IPO(상장) 전 투자에도 여러 방법과 단계가 있다.

먼저 코스닥(코스피)상장 예비 심사를 통과한 비상장 주식을 사는 것이다. 보통 심사 승인이 나면 한두 달 후에 증권신고서를 넣고, 그로부터 한 달 안팎으로 코스닥 시장에 상장이 된다. 대략 두세 달 정도의 투자 기간이 생길 수 있는 것이다.

실제 성공 사례를 소개해 본다. 국내 의료벤처기업으로 혈당 측정기를 개발 및 생산하는 인포피아라는 회사가 있었다. 공모가가 3만 1,000원이고, 장외 시세는 4만 2,000원 정도로 형성되어 있었다. 2,000주를 샀다. 상장 후 첫날부터 500주씩 팔았다. 마지막 날은 8만 원대에 모두 팔고 정리했다. 공교롭게도 그게 그 회사의 최고가가 되었다. 투자 기간은 2주도 되지 않은 단기투자였지만, 엄청난 투자수익률을 거뒀다. 그때의 경험과 투자 수익은 내가 전업투자자가 되는 밑바탕을 만들어 주었다.

사람의 욕심은 끝이 없다. 승인이 난 주식은 이미 상당히 비싸져 있었다. 더 싸게 사고 싶었다. 그러려면 승인이 나기 전에 사야 한다. 승인이 날지, 미승인 될지는 정말 알기 어렵다. 상당한 정보가 필요하다. 그것이 핵심 경쟁력이기도 하다.

인포피아도 3수 끝에 승인이 났는데, 첫 번째 도전할 때의 장외 시세는 8,000원에 불과했다. 이렇게 심사 직전에 사는 것도 있지만, 코스닥 예비 심사 청구 전에는 더 싸게 살 기회가 생긴다. 나는 이런 식으로 점점 단계를 거슬러 올라가는 투자를 하게 되었다.

실리콘밸리에선 기업 가치를 일찍 알아보고 먼저 투자한 사람에게 그 회사의 우선주를 주고자 투자 순서에 따라 기호 A·B·C를 매겼다고 한다. 현재는 창업 전이나 직후에 받는 '시드 투자' 이후에 이뤄지는 투자에 대해서 A·B·C로 순서를 매긴다.

시리즈A가 제품이나 서비스를 시장에 정식으로 출시하기 위해 받는 투자라면, 시리즈B는 그 제품·서비스의 가능성을 인정받은 후 사업 확장을 위해 받는 투자다. 시리즈B에서 시장점유율이 올랐다면 시리즈C부터는 시장을 세계로 확장하거나 연관 사업으로 영역을 확장하는 데 필요한 투자를 받아야 한다.

흔히 시리즈 A, B, C의 순서로 VC 등 기관투자자들이 투자를 단행한다. 각 단계가 진행될수록 가격이 점진적으로 오르는 경향이 있다. 어떤 기관투자자는 시리즈A에 들어가서 시리즈B에 엑시트(Exit)하기도 한다. 시리즈B에 투자해서 시리즈C에서 팔고 나오기도 한다. 굳이 상장 후에 팔 필요는 없으니까.

나의 경우는 여기서 한 발 더 나아갔다. 시리즈A 이전 단계에도 투자할 수 있다. 물론 이 경우는 상당한 네트워크를 갖고 있어야 좋다. 흔히 엔젤투자라고 하는 투자다. 이 경우는 성공하면 10배 이상의 고수익을 얻을 수 있지만, 그만큼 위험도 더 커진다. 고위험 고수익의 전형적인 사례라 하겠다.

이처럼 공모주 투자, 프리 IPO투자, 그리고 엔젤투자 등 다양한 비상장 주식투자의 방법들이 있다. 이런 경우 자기의 네트워크를 이용해서 투자할 수밖에 없다. 요즘은 VIP 고객들 대상의 투자 플랜을 제공하는 PB센터들이 여러 곳 생겼다. 또는 투자자문사 등에서도 이런 투자를 집중적으로 제공하기도 한다.

비상장 주식투자 방법

공모주 투자

기업이 증권 시장에 처음 상장할 때 일반 투자자들에게 주식을 공개적으로 판매하는 것을 의미한다. 이 과정에서 투자자는 상장 전에 기업 주식을 사서 상장 후 주가가 오르면서 수익을 얻는 것을 목표로 한다. 공모주 투자는 성장성이 높은 기업에 투자할 수 있는 기회를 제공하며, 주식 투자 초보자들에게도 접근하기 쉬운 투자 방법으로 알려져 있다.

프리 IPO(Pre-IPO)

'상장 전 지분 투자'라고도 불린다. 특정 회사의 IPO에 대한 기대감이 시장에 퍼지고, IPO가 임박했을 때 이뤄진다. 주로 사모투자회사, 헤지 펀드 등이 해당 투자에 참여한다. 상장 전 지분 투자할 때 주식 가격은 IPO 이후 예상되는 주식 가격보다 낮은 수준이다. 예를 들어 2014년 9월에 IPO를 하기 이전에 알리바바(Alibaba)는 대규모 자금을 운용하는 펀드 및 투자자에게 프리-IPO 참여 기회를 열어 두었다. 이를 통해 상장 전 지분 투자를 한 투자자는 알리바바의 상장 이후 예상보다도 높은 실적으로 큰 수입을 얻었고, 알리바바도 이 상장 전 지분 투자를 통해 회사가 떠안는 리스크를 줄인 셈이 되었다.

엔젤 투자

개인들이 돈을 모아 창업하는 벤처기업에 필요한 자금을 대고 주식으로 그 대가를 받는 투자 형태를 말한다. 보통 여럿의 돈을 모아 투자하는 투자클럽의 형태를 띤다. 자금 지원과 경영 자문 등으로 기업 가치를 올린 뒤 기업이 코스닥시장에 상장하거나 대기업에 인수합병(M&A)될 때 지분 매각 등으로 투자 이익을 회수한다.

가상화폐는 여전히 변동성이 크지만, 디지털 금으로 불리는 비트코인은 자산 포트폴리오에 포함하여 장기 보유해야 한다. 불황에도 안정적인 흐름을 보이는 배당주 투자는 배당금을 장기간 재투자하면 복리 투자의 효과를 볼 수 있다. 브라질 국채는 고금리와 비과세 혜택을 동시에 누릴 수 있는 투자 상품이다. 모든 투자 상품엔 리스크가 존재하지만, 이를 감수하더라도 고수익을 추구할 가치가 있다.

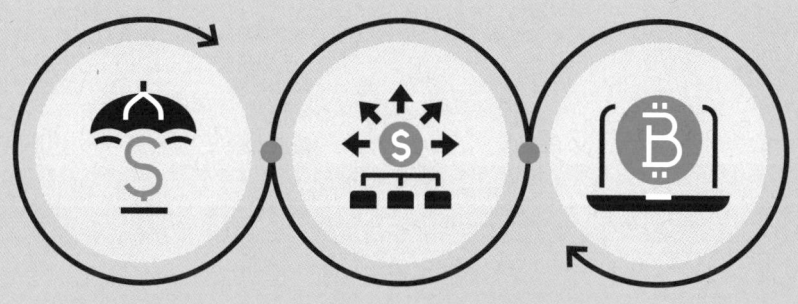

3장

은행을 떠나 제2금융으로 갈아타라

다른 사람들이 욕심을 낼 때 두려워하라.
다른 사람들이 두려워할 때 욕심을 내라.

워런 버핏

09 소액으로 다양한 상품에 투자 가능한 ETF를 사라

ETF(Exchange-Traded Fund)는 상장지수펀드다. 말 그대로 지수펀드(인덱스펀드)를 거래소에 상장시켜 투자자들이 주식처럼 편리하게 거래할 수 있도록 만든 상품이다. 투자자들이 개별 주식을 고르는 수고를 하지 않아도 되는 펀드투자의 장점과 언제든지 시장에서 원하는 가격에 매매할 수 있는 주식투자의 장점을 모두 가지고 있다. 인덱스펀드와 주식을 합쳐 놓은 것으로 생각하면 된다.

ETF는 출시 당시만 해도 큰 인기를 끌지 못했다. 하지만 내가 보기에는 대세가 될 만한 장점들이 많이 보여서 나는 ETF 전도사 역할을 자처했다. 당시 나는 특정 금융회사에 소속되어 있지도 않고, 그 어떤 금융상품을 팔지도 않았다. 전문 투자자로 독립적으로 활동하며, 객관적으로 금융상품 등을 논평할 수 있었는데, ELS(주가연계증권)와 ETF가 당시 내 눈에 띈 유망주였던 것이다. 그래서 나는 아무런 대가 없이 이 신상품들을 소개했다.

"건초더미에서 바늘(유망 주식)을 찾으려 애쓰지 마시고 그냥 건초더미를 사세요"

세계 2위의 자산운용사인 뱅가드그룹의 창립자 존 보글 회장의 말이다. 큰 수익을 안겨 줄 개별 주식을 찾는 일에는 시간과 노력이 드니, 그런 주식이 들어 있는 상장지수펀드(ETF)에 투자하라는 뜻이다. ETF를 만드는 회사의 수장이라서 하는 말이기도 하겠지만, 실제로 ETF로 유망 산업에 투자하면 개별 종목 투자의 손실 위험을 어느 정도 피할 수 있다는 장점이 있다.

나는 한동안 재테크 시장을 떠나 있었다. 방송도 그만두고 책도 쓰지 않았다. 금융상품에 대해서도 크게 관심을 두지 않았다. 책을 다시 써야겠다는 생각이 들어 금융상품을 들여다보았더니, 그 시간 동안 상당한 변화가 있었음을 알게 되었다.

그 가운데 가장 큰 변화가 느껴지는 금융상품이 바로 ETF였다. 일단 시장이 어마어마하게 커져 있었다. 2024년 국내 출시된 ETF의 자산 총합이 173조가 넘는다. 2023년에 120조 안팎이었으니 1년 새 50조가 넘는 돈이 불어난 셈이다. 이런 추세라면 조만간 200조 시대를 열 듯하다.

초기에는 삼성자산운용의 KODEX시리즈가 압도적인 비중을 차지했다. 그다음이 우리자산운용(현 키움자산운용)의 KOSEF 시리즈였다. 이 둘이 ETF의 전부였다. 두 회사만이 참여자였고, ETF 자산은 전체 펀드 시장에서의 비중도 미미했다.

지금은 20개가 넘는 운용사가 각각의 시리즈 상품을 내놓고 있는데 절대로 무너지지 않을 것 같던 삼성자산운용 KODEX의 아성이 흔들리고 있었다. 미래에셋운용의 TIGER 시리즈와 치열한 선두 싸움을 하고 있었다. TIGER 시리즈가 급부상한 것은 많은 테마형 상품을 내놓았던 게 주효하게 작용한 듯하다. 그리고 KODEX 시리즈도 기존의 코스피200지수형 상품 일색에서 벗어나 지금은 100개가 넘는 다양한 상품들을 팔고 있었다.

이렇듯 놀라운 ETF의 인기 비결은 무엇이고, 어떻게 투자자의 마음을 사로잡았는지 정리해 보겠다.

첫째, 싼 비용이다. 일반 주식형 펀드의 총보수는 연 1.27% 안팎이고, 인덱스펀드는 연 0.5% 수준의 총보수가 부과된다. 그러나 ETF는 이보다 훨씬 저렴한 수준의 운용보수만 내면 된다. 치열한 경쟁 탓에 0.01%도 안 되는 ETF들이 나오고 있다. 0.00062%까지 보수를 내린 ETF도 나왔다. 물론 주식의 형태이므로 거래할 때는 증권사 매매수수료를 내야 한다. 수수료가 싼 증권사의 경우는 0.015% 수준에 그친다. 대형 증권사의 경우는 0.1%를 내야 할 수 있으니 잘 비교해 보고 선택하면 된다. 그리고 타 증권사 고객을 유치하기 위해 수수료 0을 제시하는 증권사도 있으니, 적당히 손품만 팔면 된다.

둘째, 소액으로도 다양한 상품에 분산투자가 가능하다. 코스피 지수, 다우존스지수 등 지수를 추종하는 상품도 있고 자동차, 반도체, IT 등 업종지수 추종형도 있다. 가치주, 성장주, 배당주 등 스타일 ETF도 있으며, 비교적 안정적인 채권형 ETF도 있다. 다소 공격적인 레버리지 ETF와 인버스 ETF도 있고 통화(달러), 원자재(금, 은, 구리, 석유 등), 부동산(리츠)에 투자하는 등 정말 다양한 상품들이 있다. 금액에 대한 부담이 없다. 10만 원으로도 투자할 수 있고, 큰 금액으로도 투자할 수 있으며 매월 적립식으로도 투자할 수 있다.

셋째, 환매수수료, 증권거래세가 없다. 일반 펀드는 기간을 채우지 못하고 환매하면 3개월 내 수익의 70%를 환매수수료로 내야 한다. 그러나 ETF는 일반 주식처럼 거래하는 상품이므로 환매수수료가 없을 뿐만 아니라 주식 매도할 때 부과되는 증권거래세(0.3%)가 면제다.

넷째, 펀드보다 빠르게 현금화가 가능하다. 일반 펀드와 달리 주식시장에서 투자자가 원하는 가격으로 거래할 수 있어 시장에 유연하게 대응할 수 있다. 그리고 주식형 펀드는 환매일로부터 3일 뒤, 해외 주식형 펀드는 환매 신청 후 일주일 이상 지나야 현금이 계좌에 들어오게 된다.

다섯째, 주가지수 또는 업종지수 추종형 ETF에 투자할 경우, 개별 종목의 등락에 스트레스를 받지 않는다. 지수 자체에 따라 가격이 결정되므로 개별 종목의 가격 등락 때문에 스트레스를 받을 일은 적다.

물론 유의점이 없지는 않다. 판매 초기와는 달리, 꽤 부담스러운 상품들도 많이 판매되고 있다. 일반적으로 지수나 주가가 오르면 수익이 나는 것과 달리 손실이 나는 상품도 있다. 인버스 ETF라는 상품이 그렇다. 가령 지수가 10% 오르면 인버스 ETF의 경우는 -10% 손실이 생길 수 있다. 이는 지수가 하락할 것으로 예상하는 경우, 선택할 만한 상품이다.

레버리지 ETF도 많은 인기를 끌고 있는데 이것도 조심해야 한다. 지수가 10% 오를 때, 두 배의 수익률을 올릴 수 있는 ETF들이다. 이 경우, 오를 때야 좋겠지만, 예상과 달리 반대로 내리면 적지 않은 손실을 볼 수 있기 때문이다. 다소 공격적인 투자 성향인 투자자들에게는 좋은 선택지가 되겠지만, 일반적인 투자자들에게는 말리고 싶은 ETF들도 많다는 점을 밝혀 둔다.

레버리지와 인버스 ETF 투자

레버리지는 지렛대를 이용하듯, 작은 자본으로 큰 수익을 얻기 위해 부채나 파생상품을 활용하여 투자 규모를 키워 수익률을 높이는 전략이다. 인버스는 기초 자산의 반대 방향으로 움직이는 상품으로, 시장이 하락할 때 수익을 얻는 상품을 말한다.

일반적인 ETF는 추종하는 지수의 수익률과 동일한 수익률을 추구하지만, 레버리지/인버스 ETF는 조금 다른 배수로 수익률을 추구한다.

레버리지 ETF

ETF가 추종하는 지수의 일간수익을 두 배의 수익률을 추구한다. 추종하는 지수가 당일 +1% 올렸다면, +2%가 오르는 것을 추구하고, 반대로 -1% 떨어졌다면, -2%가 떨어지는 것을 추구하는 ETF다.

인버스 ETF

ETF가 추종하는 지수의 일간수익률. 역(-)의 수익률을 추구한다. 추종하는 지수가 당일 -1% 떨어졌다면 반대로 +1%가 오르는 것을 추구하는 ETF다.

레버리지/인버스 ETF 투자시 주의 사항

상장된 레버리지/인버스 ETF에 투자하기 위해서는 금융투자교육원(www.kifin. or.kr)에서 레버리지 ETP 교육을 이수해야 한다. 교육을 이수하면 수료번호와 수료증을 받게 되며, MTS, HTS에서 이수 등록을 하면 투자를 할 수 있다.

ETF 상품에 투자할 때는 세금 부분에 신경써야 한다. 현재 거래할 수 있는 ETF는 세금 면에서는 국내 주식형 ETF, 국내 상장 기타 ETF, 해외 상장 ETF로 나뉜다. 세 가지 ETF는 세금 면에서 차이가 있으므로 투자를 고려할 때 잘 따져 봐야 한다.

- **국내 주식형 ETF**

  매매 차익에 대해서는 비과세다. 분배금에는 배당소득세가 15.4% 원천징수된다. 여기에 분배금을 통한 수익이 세전 2,000만 원 이상일 경우에는 종합소득세에 합산해 과세된다.

- **국내 상장 기타 ETF**

  매도할 때 매매 차익과 세금을 산정하기 위한 기준가격인 과표기준가 차익 중 낮은 금액에 15.4% 배당소득세가 원천징수된다. 분배금에도 배당소득세가 부과된다. 여기에 과세 대상 차익 금액과 분배금을 통한 수익이 세전 2,000만 원 이상일 경우에는 종합소득세에 합산 과세된다.

- **해외 상장 ETF**

  매매 차익에는 22%의 양도소득세가 부과된다. 분배금은 현지 국가에서 배당소득세가 원천징수되며 현지 세율이 국내 배당소득세율보다 낮은 경우 부족분이 국내에서 추가 과세된다. 분배금을 통한 수익이 세전 2,000만 원 이상일 경우에는 종합소득세에 합산 과세된다.

해외 상장 ETF와 동일한 지수를 추종하는 국내 상장 기타 ETF를 비교 시 세율로만 보면 국내 상장 기타 ETF가 해외 상장 ETF보다 낮지만 (15.4% vs 22%) 실제로는 불리한 점들이 많다. 양도소득세에는 250만 원의 기본 공제가 있어 소액 투자자의 경우는 해외 상장 ETF가 낫고, 반대로 자산가들도 종합소득세와 분리 과세되는 국내 상장 기타 ETF가 더 낫다. 결정적으로 해외 상장 ETF는 손실과 이익을 통합 계산해 세금을 매기는 손익 통산이 되지만 국내 상장 기타 ETF는 손익 통산이 되지 않는다.

2024년에는 미국 증시가 크게 올랐다. 그 영향으로 연수익률이 100%에 육박하는 ETF도 나왔다. 물론 예외적인 경우다. 하지만 고수익을 목표로 상대적으로 마음 편하게 투자하고 싶은 투자자에게는 큰 기회의 장이 될 수 있다.

전환사채로 틈새시장을 노려라

2006년에 전환사채에 관한 책을 썼다. 당시 나는 꽤 팔리지 않을까 하는 큰 기대를 했지만, 출판사는 좀 나가겠거니 했단다. 결과는 대박이었다. 내가 당시 인기 있는 저자이기도 했고, 영향력 있는 사이트를 운영하고 있었던 게 베스트셀러에 오른 이유이었을 것이다. 하지만 다른 이유도 있다.

당시 꽤 유명한 전환사채 투자 카페가 있었는데, 그 카페의 인기가 상당했다. 나는 전환사채와 같은 틈새 투자에 관한 투자자들의 관심이 상당함을 인지했다. 그에 반해 전환사채에 관한 책이 없다는 사실도 알았다. 내 책은 부끄럽게도 증권사의 서고에 올려지기도 했고, 증권사 직원이었던 내 친구도 그 책을 통해서 공부했다는 이야기를 직접 들은 바 있다.

전환사채는 내가 쓴 책과 전환사채 투자 카페 덕분에 재테크 시장에서 큰 비중을 차지하기 시작했다. 그 이후 전환사채의 전성기가 열렸다. 수많은 상장회사의 자금 조달 창구로 적극적으로 이용되기 시작했고, 투자자들의 투자 대상이 되었던 것이다. 물론 대부분 전환사채는 원금과 약간의 이자로 마감되는 경우가 많다. 심지어 몇몇 전환사채는 원리금을 갚지 못하는 불상사가 생기기도 한다. 그런데도 좋은 수익률을 거두거나 대박이 터진 사례도 심심찮게 목격되었다.

전환사채를 잘 모르는 독자들을 위해 간략하게 소개하면, 전환사채는 채권으로 발행되나 주식으로 전환하는 선택권(옵션)이 있는 일종의 하이브리드 채권이다. 전환사채와 비슷한 채권으로 신주인수권부사채(BW)와 교환사채(EB)가 있다.

이 채권 삼총사를 일컬어 '메자닌'이라고 부른다. 메자닌은 건물 1층과 2층 사이에 있는 라운지 공간을 의미하는 이탈리아어다. 간혹 1층과 2층 사이에 M층이 있는 건물이 있는데, 그게 메자닌인 셈이다. 채권과 주식의 중간 위험단계에 있는 CB와 BW에 투자하는 것을 말한다. 전환사채와 신주인수권부사채는 사실상 같다고 할 수 있다. 차이가 있다면 신주인수권부사채는 신주인수권(워런트)을 분리할 수도 있다는 점이 다르다.

대표적인 전환사채 투자 성공 사례를 소개해 보겠다.

E라는 회사가 CB를 발행했다. 발행조건은 그다지 좋지 않았다. 표면금리와 만기 보장 수익률이 0%였다. 표면금리는 매년 주는 쿠폰 개념의 이자다. 만기 보장 수익률은 만기까지 보유하면 지급하는 수익률이다. 보통은 몇 %의 금리를 제공하는데, 회사의 자금 사정을 고려해 아예 안 받거나 1% 정도 상징적인 금리를 책정하는 때도 있다.

전환사채의 투자 매력은 금리에 있지 않다. 그보다 더 높은 금리를 제시하는 채권은 많기 때문이다. 전환사채의 매력은 싸게 주식을 살 수 있는 주식 전환권에 있다. 주식으로 전환할 수 있는 가격을 전환가격이라고 하는데, 이는 발행할 때 정해진다.

예컨대, 전환가격이 5,000원이고, 주가가 1만 원이라고 가정해 보자. 주식을 사려는 투자자는 주식시장에서 주당 1만 원을 지불하고 한 주를 사야 한다. 당연한 이치다. 그런데 전환사채 보유자는 다르다. 애초에 정해진 전환가격 5,000원에 한 주를 사는 마법이 생긴다. 물론 수많은 변수도 있고, 유의해야 할 점도 있다.

앞에서 언급한 E사의 경우 전환가격이 1만 4,850원이었다. 당시 주가 수준에서 결정되었는데 전환가격은 변동되기도 한다. 특히 주가가 급락하거나 더 낮은 가격으로 유상 증자를 할 때나 다른 전환사채를 발행하는 경우 대개 그에 맞춰 가격을 리픽싱하는 조건이 주어진다.

E사의 경우는 주가도 내렸고, 이후 여러 차례에 걸쳐 유상증자와 전환사채 발행이 있었다. 그 결과 전환가격이 5,830원으로 리픽싱되었다. 최초 전환가격에 비해 거의 3분의 1 가격으로 조정된 것이다. 이후 E사의 주가는 4만 원에 육박했다. 그래서 투자자는 500%의 수익률을 거둘 수 있었다.

이처럼 전환가격 하향 리픽싱으로 인해 과도한 주가 희석 등이 이루어지며 기존 주주들에게 큰 피해를 주자 금융위원회는 주가가 올라갈 때 전환가격도 함께 올리는 상향 리픽싱을 도입하게 되었다. 이때부터 전환사채의 인기는 급락하게 된다. 인위적인 당국의 개입으로 부작용이 생긴 것이다.

초기에는 없던 일들이 벌어지기 시작했다. 처음에는 콜옵션이라는 게 없었다. 콜옵션은 발행회사의 최대 주주가 콜옵션을 행사하면, 그에 상응하는 채권 금액을 돌려줘야 하는 것을 말한다. 가령 콜옵션이 30%라면, 최대 주주는 어느 시점에서 30% 범위에서 콜옵션을 행사할 수 있다. 그러면 전환사채 보유자는 그만큼을 내놓아야 할 때, 일정 금리를 덧붙여서 돌려받는다. 예전에는 콜옵션이 없어서 보유 채권에 대해 100% 전환권을 행사할 수 있었다.

대체로 최근 발행되는 전환사채의 콜옵션 비율은 거의 30%로 설정되어 있다. 간혹 40%도 있긴 하다. 당연히 콜옵션이 없거나 콜옵션 비율이 낮은 채권이 좋은 조건의 전환사채다.

그렇다고 최대 주주가 콜옵션을 아무 때나 행사할 수 있는 것은 아니다. 보통은 발행한 지 1년이 지난 시점부터 1년간 또는 2년간 가능하다. 종종 최대 주주가 돈이 없어 콜옵션을 행사하지 못하는 때도 있다. 이럴 때 채권 보유자는 보유 금액 전부를 전환할 수 있게 된다.

전환사채와 비슷한 신주인수권부사채(BW)의 투자 성공 사례를 소개하겠다. 지금은 초우량회사가 된 기아차의 이야기다. 기아차는 현대차그룹에 인수된 이후에도 심각한 자금 위기를 겪었다.

믿기 어렵겠지만 불과 10여 년 전 갭투자를 하면 강남 반포 재건축 아파트를 2억 원에 살 수 있었다. 강남 집값은 늘 불패이고, 지속적인 우상향이라고 믿는 사람들이 많지만, 과거를 보면 꼭 그랬던 것은 아니다. 한때 10만 전자를 목전에 두었던 삼성전자 주가가 '4만 전자'가 된 것이 불과 1년 만에 일어난 일이라는 사실도 잊었을 것이다. 아무튼 2009년 기아차는 생존의 갈림길에 서 있었고, 이때 일반회사채를 발행할 수 없어 BW를 발행하게 된다.

기아차 BW의 표면이자율은 연 1.0%였고, 3년 만기를 다 채우면 5.5%의 수익률을 올릴 수 있었다. 즉 1,000만 원 투자 시 만기에 1,456만 920원을 받을 수 있는 것이다. 또 행사가액은 주당 6,880원으로 그 당시 주가인 8,000원 대비 1,120원의 차익을 거둘 수 있었기에 투자상품으로도 장점이 있었다. 다시 없을 투자 기회

였지만, 당시 일반 경쟁률은 고작 7 대 1에 그쳤다.

그 이후 놀라운 일이 벌어졌다. 2년 후 주가가 8만 4,600원까지 치솟았다. 만약 초기 투자자였다면 11배 이상의 초고수익을 올렸을 것이다. 8만 4,600원의 주식을 6,880원에 사서 팔 수 있는 기회가 있었기 때문이다. 물론 이러한 성공 사례가 흔치는 않다. 하지만 잊을 만하면 한 번씩 나온다. 이는 준비한 자에게만 허락되는 행운이다. 앞에서 설명한 투자 지식을 알고 있는 것과 동시에 투자금도 준비해 둬야 대박의 기회를 잡을 수 있는 것이다.

조금 덧붙이자면, 기아차 BW의 경우 워런트(W)가 분리되었고, 워런트를 사고팔 기회도 있었다. HTS에서 보면 신주인수권 매매 화면이 있다. 거기서 3년 동안 활발하게 거래되었던 것이다. 워런트는 대체로 프리미엄이 붙어서 거래된다. 8,000원이 주가라면 워런트의 가치는 1,120원이다. 하지만 주가가 오르면 얻게 될 유익이 있으므로 보통은 1,000원 정도의 프리미엄이 더 붙는다. 그래서 2,000원 이상에서 거래가 되었고 이후 5,000원 안팎에서는 엄청난 거래가 이뤄졌다.

BW를 산 사람도 대박이 났겠지만, 워런트를 저가에 산 사람은 더 큰 수익률을 올렸을 것이다. 수익률 공식의 분모인 투자 금액이 6,880원이 아닌 2,000원이 될 수 있기 때문이다. 실제로 워런트를 대거 확보한 지인은 이 투자로만 몇백억 원의 투자 수익을 거뒀다.

그런데 아쉽게도 일반 대중들이 접근할 수 있는 공모 BW와 CB의 투자 기회가 극히 드물어졌다. 대체로 기관투자나 거액 자산가 대상으로 사모(49인 이하) BW와 CB가 발행되는 게 관행이 되었기 때문이다.

만약 전환사채, 신주인수권부사채 투자에 관심이 있다면 PB 고객이 되거나 위와 같은 투자를 하는 펀드 상품에 가입하면 된다. 그리고 전환사채와 거의 유사한 상환전환우선주(RCPS)를 찾아서 투자하는 것도 또 하나의 방법이 될 것이다. 상황전환우선주란 상환권과 전환권이 부여된 우선주를 말한다. 정해진 계약 조건에 따라 배당받다가 발행회사에 투자금 상환을 요구할 수 있고 RCPS를 보통주로 전환할 수 있는 권리도 부여된다.

전환사채 투자 시 알아야 할 주요 포인트 〉

전환사채는 주식과 채권의 장점을 모두 취할 수 있는 매력적인 투자 수단이다. 하지만 주식 전환 시점에 대한 판단과 리스크 관리가 매우 중요하다. 보수적으로 접근할 수도 있고, 공격적으로 이익을 극대화할 수도 있는 전환사채 투자를 하려면 각 투자자의 성향에 맞춘 전략을 세워야 한다.
다음은 전환사채 투자 시 고려해야 할 사항이다.

1. 발행 기업의 신뢰성
전환사채를 발행하는 기업의 신뢰성은 가장 중요한 요소다. 안정적이고 신뢰할 만한 기업에서 발행한 전환사채는 높은 안정성을 가지며, 반대로 스타트업이나 재무 상태가 불안정한 기업에서 발행하면 리스크가 크므로 주의해야 한다.

2. 이자율과 전환 비율
이자율과 전환 비율은 전환사채의 매력도를 결정하는 두 가지 주요 요소다. 이자율은 높을수록 안정적인 수익을 기대할 수 있으나, 높은 이자율은 신용 리스크를 나타낼 수도 있다. 전환 비율은 주식으로 전환할 수 있는 비율이 높을수록 투자자가 이익을 얻는 기회가 커진다.

3. 시장 상황 및 금리 동향

전환사채의 가치는 금리와 주식시장의 상황에 따라 크게 달라질 수 있다. 예를 들어, 금리가 상승하면 고정 수익형 제품의 매력이 줄어들어 전환사채의 가치가 하락할 가능성이 크다.

4. 리스크 관리

전환사채에 대한 투자는 리스크를 동반할 수밖에 없다. 이를 관리하기 위해 전환사채만이 아닌 다양한 자산에 투자하여 리스크를 분산시키는 것이 중요하다. 또한 시장이나 기업의 상황을 정기적으로 모니터링하여 필요한 경우 즉시 대응할 수 있어야 한다.

금은 언제나 옳다

증권사에서 일할 때 1년 선배 S가 있었다. 그는 카이스트 출신이었다. 지방의 과학고를 나와 카이스트를 졸업했으니, 나름 엘리트 코스를 밟은 셈이다.

1990년대 중반만 해도 카이스트 출신들은 삼성전자 같은 회사로 가거나 계속 공부해서 박사학위를 받아 교수가 되는 것이 일반적이었다. 하지만 그는 특이하게도 증권사에 입사했다. 그로부터 시간이 좀 흐른 뒤 카이스트 출신들이 대거 증권업계로 오긴 했다. 상당한 선구자였던 셈이다. 주로 선물옵션 등 문과 출신들이 감당하기 힘든 수리 분야에서 두각을 나타냈다.

그와는 수많은 일을 같이 해 냈고, 기억에 남는 일도 많다. 주말에 남아서 시세 전광판을 조정하는 게 가장 힘든 일 중 하나였다.

각 증권사의 영업부 또는 대형 지점 벽면에는 아주 큰 시세판이 걸려 있었다. 증시가 오르면 붉게 타올랐고, 내리면 퍼런 멍이 들었다. 대체로 상장 순서대로 하되, 은행업종, 증권업종, 건설업종 등 업종별로 구분했던 듯하다. 그래야 업종별 강세와 약세 등을 파악하기 쉬웠다.

당시에는 아침부터 시세판 앞에 놓인 의자에 앉아 주가를 관찰하는 고객들이 많았다. 터줏대감인 셈인데, 그들에게는 나름의 규칙과 관례가 있었다. 자기 자리도 있었다. 자신의 포트폴리오에 들어 있는 종목들의 자리를 정확하게 기억하기 때문에, 원래의 자리에서 변동이 생기면 짜증을 냈다. 상장 폐지가 되거나 신규 상장이 되면 종목들을 옮겨야 했다. 문제는 그 종목 하나만 빼고 넣는 걸로 끝나지 않는다는 거다. 때로는 500여 개가 넘는 모든 종목을 다 옮겨야 할 때도 있었다.

지금이야 전산 처리되고 대형 모니터로 나오니 그런 번거로움이 없지만, 당시에는 삼성전자, 현대차 등 인쇄된 종목판을 일일이 직접 끼우고 뺐다. 변경이 있을 때마다 수시로 해야 하지만, 그렇게 했다간 직원들이 몸살이 난다. 그래서 분기에 한 번 정도 사원, 대리급 직원들이 남아서 그 작업을 했다. 나중에는 전광판 자체를 없애 버렸고, 요즘에는 지점이 통째로 없어지는 추세다.

그는 운이 좋은 편이었다. 6개월 후임이 있었고, 1년 후임인 내가 곧바로 들어왔기 때문이다. 반면 나는 2년 동안 후임이 안 들어와서 허드렛일을 거의 다 해야만 했다. 신입사원 시절, S와 신증권타운 쪽으로 서류를 전달하려 간다. 당시는 대우증권, LG증권, 현대증권, 동서증권, 대신증권 등 업계 1~10위권 증권사 대부분이 구증권타운에 몰려 있었다. 나중에는 IFC가 있는 신증권타운으로 중심이 옮겨 갔다.

현재 IFC몰은 예전 여의도 중소기업전시장이 있던 곳이다. 중소기업전시관 앞을 지날 때였다. S 선배는 내게 과거 수십 년간 제일 많이 오른 게 무엇인지 아느냐고 물었다. 나는 '삼성전자'라고 답했던 것 같다. 그러자 그가 바로 답을 말했다. '금'이라고. 30년이 넘는 시간 동안 금이 가장 많이 올랐으니 금을 사야 한다고 강조했다.

그때가 1997년이었다. 당시 금에 투자하는 방법은 하나뿐이었다. 종로 3가, 5가에 있는 금은방에 가서 금을 사는 것. 골드바 1킬로그램을 사는 것이 최선이었고, 10돈이든 20돈이든 샀어야 했다. 1990년대 중후반 금 한 돈의 시세는 4만 원 정도였다. 돌잔치에 가면 금 한 돈짜리 돌반지를 선물했다. 지금 돌 반지 하나의 가격은 60만 원이 넘는다. 대략 15배 정도 오른 셈이다. 그래서 요즘은 돌 반지를 잘 선물하지 않는다고 한다. 선물하더라도 반 돈짜리나 그 이하의 돌 반지를 고른다.

우리가 흔히 말하는 물가는 꽤 주관적이다. 그나마 물가를 객관적으로 측정할 수 있는 기준은 통화량이다. 전문적으로 M2라는 통화량 지표가 있다. 시중에 풀린 통화량을 나타내는 지표인데, 1993년부터 2023년까지 30년간 통화량이 16배 늘어난 것을 확인할 수 있었다. 통화량이 늘었다는 건 엄청나게 돈이 풀렸다는 것이고, 그만큼 돈의 가치가 급락했다는 의미다. 그러니 집값이든 금값이든 오르지 않을 수 있겠는가.

이러한 돈의 가치 급락은 금값이 '금값'이 된 가장 큰 이유일 것이다. 그런데 이것만으로 최근의 금 초강세 현상을 설명하기는 부족하다. 금이 다른 자산에 비해 더 강세를 보이는 이유는 바로 안전자산이 되었기 때문이다. 투자자들이 안전자산으로 인식하는 것들로는 금, 달러, 강남 부동산 등이 있다.

여기서 말하는 안전자산 개념은 매우 주관적인 것이었다. 그런데 2023년 1월 바젤 III가 적용되면서 실물 금이 Tier-3(위험도 어느 정도 존재) 위험가중치 0%가 적용되는 Tier-1의 가장 안전한 자산으로 분류가 변경되었다. 그전까지 금은 위험 자산(50% 인정)이었는데, 위의 결정으로 100% 무위험 자산으로 인정받게 되었다. 이 조치로 인해 각국의 중앙은행, 은행들은 적극적으로 금을 매입하기 시작했다. 이것이 금의 초강세 현상이 촉발된 이유다. 전통적으로 금을 선호했던 중국과 인도의 금 매입도 중요한 요인으로 작용했다.

　미국과 중국의 관세 전쟁이 대체 자산으로 확전되고 있다. 달러 패권을 흠집 내기 위해 중국은 금을 사들이고, 이를 견제하고자 트럼프 정부는 비트코인을 국가 비축 자산으로 키우고 있는 것이다. 중국 등 많은 나라에서 미국 국채를 팔고 금을 사는 양상도 나타나고 있다. 러시아-우크라이나 전쟁 발발 후 미국이 러시아의 달러 자산을 동결함으로써 금의 가치가 더 부각된 측면도 있다.

그러면 금을 어떻게 사는 게 좋을까? 사는 방법은 의외로 많다. 가장 쉬운 것은 골드바를 사는 것이다. 골드바는 종로 3가나 동네의 금은방에서 살 수 있다. 요즘은 홈쇼핑에서도 골드바를 판다. 홈쇼핑 판매가는 확연히 높지만 36개월 할부가 된다는 점 때문에 많이 팔리는 듯하다.

　은행 골드뱅킹을 통해서도 살 수 있다. VIP들은 이 방법을 통해서 많이 투자해 왔다. 그리고 최근에는 ETF를 통해서 투자하기도 한다. ETF는 앞에서 다룬 바 있으니 참조하기를 바란다. ETF로 살 때 레버리지 금 ETF 투자가 가능하다. 금값 상승의 두 배의 수익률을 기대할 수 있는 것이다.

　하지만 금 투자에서 가장 추천하고 싶은 방법은 KRX금시장에서 사는 것이다. 장점은 차고 넘친다. 금융소득 종합과세 비대상인 데다 양도소득세-배당소득세 비과세 혜택이 있다. 게다가 부가가치세와 관세도 면제된다. 적은 금액으로 투자할 수 있고, 가장 낮은 수수료로 금을 살 수 있다.

실제 내가 거래하는 HTS의 매수 메뉴 화면을 보면 주식을 사는 것과 크게 다르지 않다. 매수하고자 하는 수량과 가격만 입력하고 매수 버튼을 누르면 된다. 매도 또한 아주 어렵지 않

HTS의 금 매수 메뉴 화면

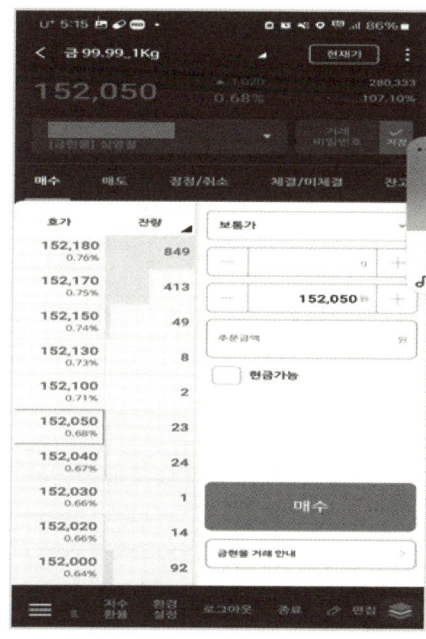

다. 메뉴바에서 매도를 클릭하고 수량, 가격을 입력하면 된다. 주식처럼 정정, 취소도 할 수 있다.

계좌를 개설하는 것 또한 어렵지 않다. 기존의 HTS가 있다면, 비대면으로 개설할 수 있다. 클릭 몇 번만 하면 실제 매수·매도할 수 있는 상태로 진행할 수 있다. 한번 시도해 보기 바란다.

KRX금시장 >

KRX금시장은 정부의 금 거래 양성화 계획에 따라 한국거래소가 금융위원회 승인을 받아 설립(2014. 3. 24)하여 운영하는 금 현물시장이다. KRX금시장은 주식처럼 편리하게 13개 증권사를 통해 계좌 개설 후 증권사 거래시스템에서 투자자가 직접 거래하는 방식이다.

증권사를 통한 투자자의 직접거래 이외의 모든 거래(선입금 후 홈페이지 거래, 리딩방 거래, 장외 실물거래 등)는 'KRX금시장'과 무관한 거래이니 주의하자.

금 투자 상품 비교

		KRX금시장	은행 골드뱅킹	금 펀드
거래 단위		1g 단위	0.01g	상품별로 상이
가격		공정가격 -시장에서 형성되는 실시간 가격	고시가격 -원화로 환산된 국제가격을 고려한 은행 고시가격	상품별로 상이
장내 거래	수수료	증권사 온라인 수수료 (0.3% 내외)	통장 거래 시: 매매기준율×1% 실물거래 시: 매매기준율×5%	선취수수료 (1~1.5%)
	세금	양도소득세 면제 부가가치세(10%) 면제	매매 차익에 대한 배당소득세(15.4%)	매매 차익에 대한 배당소득세(15.4%)
실물 인출	인출 비용	1개당 20,000원 내외	실물거래만 인출 가능 (실물거래 수수료 5%에 포함)	실물 인출 불가
	VAT	거래 가격의 10%	거래 가격의 5%	
금 인출		증권사 지점에서 인출(수령) 가능(약 2일 소요)	은행 영업점에서 인출(수령) 가능(약 1주 소요)	

투자 방법에 따른 금 1kg 매입 가격

(단위: 천 원)

구분	매입 가격	매수 수수료	부가가치세	총 매입액	KRX 금시세 대비
KRX금시장	57,850(주1)	174(주2)	—	58,024	100.0%
골드뱅킹(계좌거래)	58,498(주3)	0	매입 가격에 포함	58,498	100.82%
골드뱅킹(실물거래)	60,814(주4)	매입 가격에 포함	6,081	66,895	115.29%
장외소매(금은방 등)	62,533(주5)	매입 가격에 포함	6,253	68,786	118.55%

주1) KRX금시장 20.01.03 종가
주2) 증권사 평균 온라인 수수료 0.3% 기준
주3) 신한은행 20.01.03 계좌금금거래 최종고시가격 기준
주4) 신한은행 20.01.03 실물거래 사실 때 가격 기준
주5) 종로 소매업체 순금시세 살 때 가격(부가가치세 제외) 기준

매입 이후 가격이 3% 상승한 뒤 매도 가정

(단위: 천 원)

구분	매입 가격	매수 수수료	부가가치세	총 매입액	매도가격	매도 수수료	배당 소득세	총 매도 금액	수익률
KRX금시장	57,850(주1)	174(주2)	0	58,024	59,586	179(주7)	—	59,407	2.4%
골드뱅킹(계좌거래)	58,498(주3)	0	매입 가격에 포함	58,498	59,059	매도 가격에 포함	86	58,973	0.8%
골드뱅킹(실물거래)	60,814(주4)	6,081	매입 가격에 포함	66,895	56,673	매도 가격에 포함	—	56,673	-15.3%
장외소매(금은방 등)	62,533(주5)	6,253	매입 가격에 포함	68,786(주8)	57,955	매도 가격에 포함	—	57,955	-15.7%

주1) KRX금시장 20.01.03 종가
주2) 증권사 평균 온라인 수수료 0.3% 기준
주3) 신한은행 20.01.03 계좌금금거래 최종고시가격 기준
주4) 신한은행 20.01.03 실물거래 사실 때 가격 기준
주5) 신한은행 20.01.03 실물거래 살 때 가격 대비 3% 상승가
주6) 신한은행 20.01.03 계좌금금거래 파실 때 가격 대비 3% 상승가
주7) 신한은행 20.01.03 실물거래 파실 때 가격 대비 3% 상승가
주8) 종로 소매업체 재매입가격(56,267원) 대비 3% 상승가
주9) 매매차익에 대한 배당소득세(15.4%)

PART 2 은행을 떠나서 똑똑하게 투자하는 법

KRX금시장에서 거래해야 하는 이유

- 세금 면제·낮은 수수료

  양도·배당·이자소득세가 없으며, 증권사가 낮은 수수료만 부과한다.

- 투명한 가격

  매도·매수자가 동시에 거래에 참여하기 때문에 공정하고 투명한 시장 가격이 형성된다.

- 주식처럼 편리한 거래

  HTS, 스마트폰, 전화 등을 통해 손쉽게 거래 가능하다.

- ETF처럼 유동성공급자(LP)가 있어 손쉬운 투자와 자금 회수

  좁은 스프레드 비율과 국제 금 가격에 가까운 가격으로 거래 가능하다.

- 고품질 보장과 안전한 보관

  LBMA, 한국조폐공사가 인증하는 순도 99.99% 고품질 금만 거래할 수 있고, 매수한 금은 한국예탁결제원에서 안전하게 보관한다.

- 소액 거래

  1g 단위로 거래하므로 5만 원 내외의 소액 투자도 가능하다.

금 실물의 인출

계좌를 개설한 금융투자회사를 통해 인출(수령)이 가능하다. 계좌거래와는 달리 금 실물의 인출 시에 만 10%의 부가가치세와 한국예탁결제원 및 해당 금융투자회사로부터 소정의 수수료가 부과된다.

KRX금시장의 매매제도

거래 대상	순도 99.99%, 1kg 및 100g 중량의 골드바
거래(호가) 단위	1g
인출 단위	1kg, 100g
체결 방법	실시간 경쟁 매매(주식과 동일), 가격 및 거래량 실시간 공개
매매 시간	09:00 ~ 15:30(호가 접수 시간 08:30 ~ 15:30)

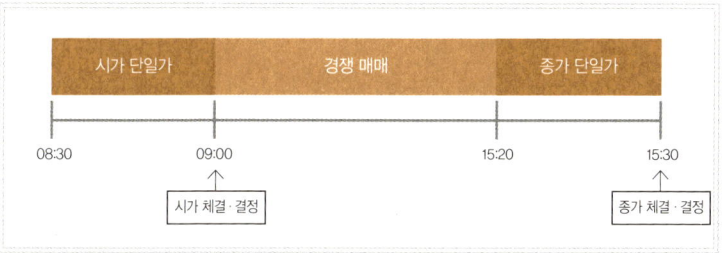

장외 금 실물투자와 KRX금시장을 이용한 장내 거래의 차이점

장외 실물은 보통 디자인 비용, 세공 비용, 부가가치세를 포함한 가격으로 거래하지만, 장내에서는 부가가치세 등을 제외한 순수 금 가격으로 거래가 가능하다. 국내 금 가격은 국제 금 가격의 영향을 크게 받을 수밖에 없다. 국제 금 가격은 주로 미국 달러로 거래되기 때문에, 글로벌 수급 상황, 투자 수요, 채굴 및 생산 비용 등이 국제 금 가격에 영향을 미친다.

KRX금시장 세제 혜택

한국거래소의 장내거래 시 발행한 매매 차익에 대한 양도소득세와 배당소득세는 비과세가 되어 금융소득종합과세에서 제외된다. 또한 매입 시에는 부가가치세와 관세도 면제된다.

부동산 대신 리츠 상품에 투자하자

리츠(REITs · Real Estate Investment Trusts)는 여러 투자자로부터 자금을 모아 부동산이나 관련 자산에 투자하고 여기서 받는 임대료 또는 매각 차익 등 수익의 90% 이상을 투자자에게 배당금으로 나눠 주는 금융상품이다. 즉 부동산을 주식처럼 쪼개서 투자할 수 있게 만든 상품을 말한다.

부동산에 투자하려면 목돈이 들지만, 리츠는 소액으로도 투자할 수 있다. 전문가들이 자산을 운용해 준다는 점에서 개인 투자의 리스크를 줄일 수 있다. 그리고 실물 부동산보다 현금화가 쉽다. 리츠는 주식시장에서 상장되기 때문에 언제든 필요하면 리츠 주식을 팔아서 현금화할 수 있다. 또한 유동성이 뛰어나고 각종 비용도 덜 든다. 취득세는 물론 매매 차익에 양도세가 붙지 않는다.

리츠의 기본 구조

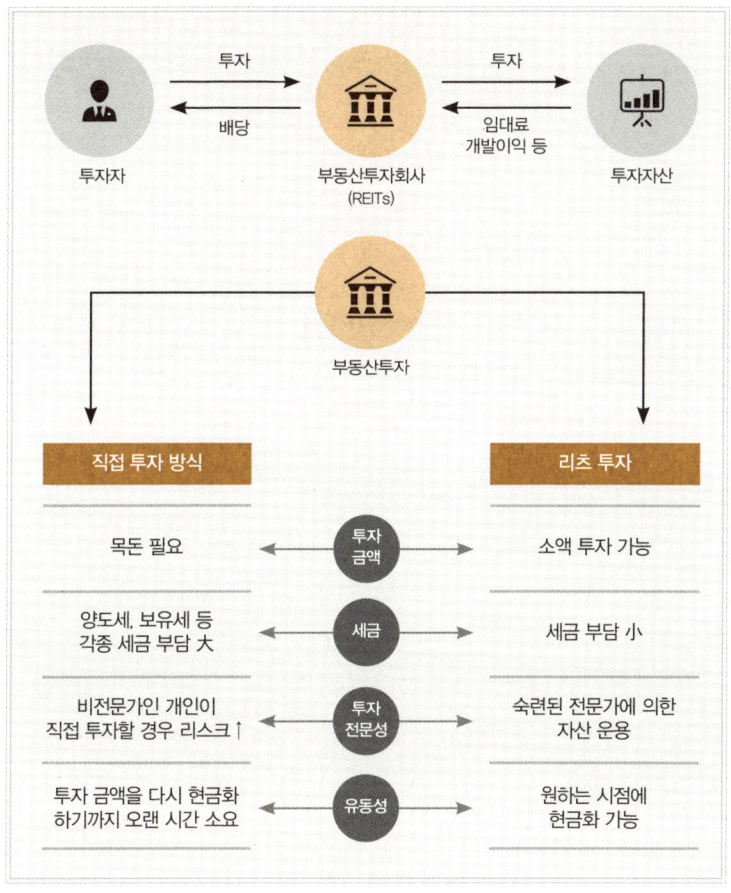

절세 혜택도 있다. 투자 금액 5,000만 원 한도로 상장 리츠를 3년 이상 보유하면 3년 동안의 배당소득에 대해 9.9%(지방소득세 포함) 분리과세가 가능하다(단, 거래 증권사에 분리과세를 신청해야 한다).

국내 상장 리츠 현황

구분	현재 주가	전일 대비	등락률	최근 배당금	주가 배당률	배당 기준월	시가 총액	자산 총계
신한글로벌액티브리츠	1,598	▲23	+%	126원	15.77%	2월, 8월	695억	1,676억
삼성FN리츠	4,475	▼10	-%	66원	5.9%	1월,4월,7월,10월	4,074억	7,337억
한화리츠	3,795	0	%	158원	8.3%	4월,10월.	6,816억	7,031억
KB스타리츠	3,975	▲35	+%	188원	9.46%	1월, 7월	4,031억	1조 786억
마스턴프리미어리츠	1,487	▲5	+%	44원	5.92%	3월, 9월	454억	1,604억
코람코더원리츠	5,070	▲70	+%	95원	7.5%	2월, 5월,8월, 11월	2,048억	5,119억
신한서부티엔디리츠	3,510	▲15	+%	130원	7.41%	6월,12월	1,964억	6,442억
미래에셋글로벌리츠	2,755	▲5	+%	132원	9.58%	3월, 9월	1,091억	3,613억
NH올원리츠	3,625	▲30	+%	140원	7.72%	6월,12월	1,587억	6,535억
SK리츠	5,020	▲60	+%	66원	5.26%	3월, 6월,9월, 12월	1조 3,865억	4조 2,326억
디앤드플랫폼리츠	3,220	▲10	+%	139원	8.63%	3월, 9월	2,846억	8,530억
ESR켄달스퀘어리츠	4,855	▼20	-%	137원	5.64%	5월, 11월	1조 0,345억	2조 4,728억
코람코라이프인프라리츠	4,510	▼5	-%	249원	11.04%	5월, 11월	4,390억	1조 2,414억
제이알글로벌리츠	2,740	0	%	195원	14.23%	6월, 12월	5,408억	2조 1,393억
미래에셋맵스리츠	2,730	0	%	132원	9.67%	5월, 11월	682억	3,050억
이지스레지던스리츠	4,195	▼25	-%	150원	7.15%	6월, 12월	1,547억	4,025억
이지스밸류플러스리츠	4,690	▼5	-%	612원	26.1%	5월, 11월	2,413억	5,205억
NH프라임리츠	4,560	▼5	-%	518원	22.72%	5월, 11월	851억	1,140억
롯데리츠	3,605	▲20	+%	112원	6.21%	6월, 12월	1조 0,417억	2조 6,249억
신한알파리츠	5,820	▲10	+%	175원	6.01%	3월, 9월	7,039억	2조 1,588억
이리츠코크렙	4,685	▲25	+%	186원	7.94%	6월, 12월	2,968억	6,738억
스타에스엠리츠	2,035	0	%	961원	47.22%	12월	159억	866억
케이탑리츠	952	▲2	+%	95원	9.98%	12월	458억	2,020억
에이리츠	3,130	0	%	원	NaN%	12월	140억	787억

(출처: 한국리츠협회 홈페이지)

현재 리츠는 24개가 있으며, 주식시장에 상장되어 있다. 상장 가격은 대부분 5,000원인데, 3,000원인 경우도 있다. 주가는 제각각이다. 대체로 할인된 가격에 거래된다. 이는 투자의 기회가 될 수도 있다. 배당금이 일정하다고 가정한다면, 할인된 주가만큼 추가 수익률을 올릴 수 있기 때문이다.

다음 국내 상장 리츠 현황 도표에서 보듯이 '주가 배당률'로 정리해 볼 수 있다. 가령 신한글로벌액티브리츠의 경우 주가 배당률이 15%가 넘는다. 그만큼 주가가 할인되어 거래되고 있기 때문이다.

> **주가 배당률**
> = (최근 배당금/현재 주가)×(12/결산 주기 개월 수)×100
> (현재 주가를 연 환산한 값으로 다음 배당 상황에 따라 차이가 생길 수 있음)

리츠 투자는 개별 리츠에 직접 투자하는 방식이 일반적인데, ETF로 투자하는 것도 가능하다. 현재 3개의 리츠ETF가 상장되어 있고, 각각의 포트폴리오는 다음과 같다.

이미 리츠 시장이 형성되어 있는 미국의 사례를 비춰 봐도, 리츠 시장의 미래는 나쁘지 않아 보인다. 상장된 리츠를 분석한 뒤 저평가된 리츠를 찾아 투자한다면 10% 안팎의 수익률을 기대할 수 있을 것이다.

자산 구성 (단위: %)

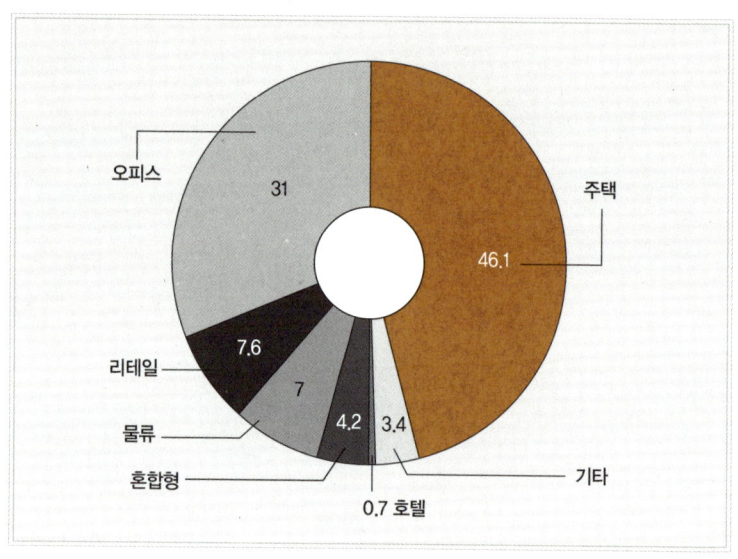

국내 상장 리츠 배당수익률 추이 (단위: %)

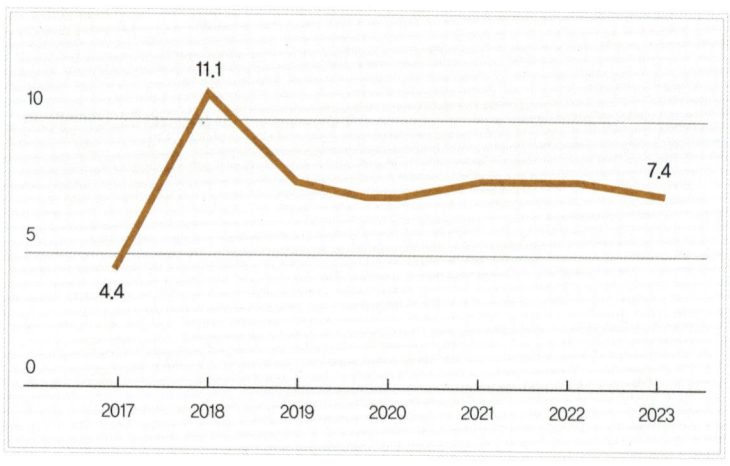

TIGER 리츠부동산인프라채권TR(341580)

(단위: %)

종목명	주식수(계약수)	구성비
롯데리츠	6,384	
SK리츠	6,027	
ESR켄달스퀘어리츠	4,708	
제이알글로벌리츠	4,361	
한화리츠	3,968	
맥쿼리인프라	3,118	
신한알파리츠	2,672	
KB스타리츠	2,241	
코람코라이프인프라리츠	2,150	
맵스리얼티1	2,051	

* 구성종목 Top 10(2025/04/30)

KODEX 한국부동산리츠인프라(476800)

(단위: %)

종목명	주식수(계약수)	구성비
롯데리츠	5,090	
SK리츠	4,805	
ESR켄달스퀘어리츠	3,754	
제이알글로벌리츠	3,477	
한화리츠	3,164	
맥쿼리인프라	2,447	
신한알파리츠	2,130	
KB스타리츠	1,786	
코람코라이프인프라리츠	1,715	
맵스리얼티1	1,635	

* 구성종목 Top 10(2025/04/30)

ETF는 저비용·다양성·유동성이라는 세 가지 장점으로 개인 투자자에게 유리하며, 자산 배분의 핵심 도구로 활용된다. 전환사채는 일정 조건이 충족되면 주식으로 전환되는 구조로, 주가 상승에 따른 차익과 일정 이자 수익을 동시에 노릴 수 있다. 불확실한 시대에 자산 방어 수단으로 강력한 금 투자, 부동산을 소액으로 투자할 수 있는 대안인 리츠도 은행보다 똑똑하게 투자하는 방법이다.

은행의 배신
은행이 절대 알려 주지 않는 불편한 진실

초판 1쇄 인쇄 2025년 6월 10일
초판 1쇄 발행 2025년 6월 20일
지은이 심영철
펴낸이 배민수 이진영
기획·편집 밀리&셀리
디자인 디자인현
마케팅 태리
펴낸곳 테라코타 **출판등록** 2023년 1월 13일 제2024-000080호
주소 서울시 용산구 원효로 128 e-테크밸리오피스텔 907호
메일 terracotta_book@naver.com
인스타그램 @terracotta_book

ⓒ 심영철, 2025
ISBN 979-11-93540-33-6 03320

* 이 책의 전부 또는 일부 내용을 재사용하려면 반드시 사전에 저작권자와 테라코타의 동의를 받아야 합니다.
* 인쇄·제작 및 유통상의 파본 도서는 구입하신 서점에서 바꿔드립니다.
* 책값은 뒤표지에 있습니다.